Le tyran juste

L'auteur

Jean-Luc Jeener est l'un des penseurs chrétiens contemporains les plus en vue. Auteur d'une quinzaine d'essais, il est journaliste et a notamment longtemps écrit pour le *Figaro Magazine.* Il dirige aussi le théâtre du Nord-Ouest à Paris. Il a publié un précédent roman, *Le territoire,* chez Metropolis (2023).

Illustration de couverture :
Statue du Foro Italico à Rome par Jezn-Pierre Dalbéra, Flick

La collection *Romans* est dirigée par **Philippe Lemarchand**.

Édition : Max Boquillon.
Mise en page : Diane Philips.

Cet ouvrage a été composé en Sabon 11,
imprimé sur du papier bouffant blanc avec bois
et entièrement réalisé en France.

ISBN : 978-2-38350-025-4

Jean-Luc Jeener

Le tyran juste

Atlande

Prologue

2125, en France, Jean Quatremer, dans un pays désolé par les excès d'une énième révolution, a pris le pouvoir. L'homme n'est pas un tyran ordinaire, un de ces dictateurs sanglants qui presse le peuple pour ses intérêts particuliers. C'est une espèce de saint à sa façon, un chrétien dévoyé qui cherche à faire le bien autour de lui.

La guerre civile a éclaté alors qu'il y avait au pouvoir une clique de pauvres politiciens aveuglément démocrates, des hommes qui confondaient égalité et fraternité, de pauvres ères qui avaient mis le pays à terre à force de mélanger intérêts particuliers et intérêt social mal pensé. De cette situation était née une première révolte de méchants, de profiteurs et d'imbéciles ; et cette mollassonne démocratie avait vite été mise à mal.

Manifestations, combats sporadiques, violence, inflation, délations, économie à l'abandon, intérêts étrangers, lente destruction des institutions… Les gouvernements successifs avaient vite perdu le moindre pouvoir et une forme d'anarchie s'était installée dans le pays d'où étaient tristement sortis des petits chefs assoiffés de puissance. Alors, la guerre civile avait pris une autre dimension avec son cortège d'horreurs, d'injustice et d'exactions. Tout devenait permis et tous se le permettaient avec cette délectation propre à la nature humaine quand elle est seulement livrée à elle-même.

Cela avait duré dix ans. Et pendant ces dix ans, le déchaînement des passions avait rendu villes et campagnes totalement exsangues. Les morts s'amoncelaient et tous sentiments humains semblaient avoir disparu.

Et puis était apparu l'homme providentiel, Jean Quatremer. Une personnalité si forte qu'elle avait réussi à fédérer ce qui, dans la population, restait d'honnêtes, de généreux, de patriotes sincères. L'homme était courageux, indomptable, charismatique. Un guerrier aussi qui n'hésitait pas lui-même à prendre les armes et à tuer. Et en trois ans, après des combats cruels et sanglants, tous s'étaient ralliés à lui. Tandis que l'Europe et une grande partie du monde étaient toujours à feu et à sang, la paix depuis un an régnait de nouveau sur la France. Et le peuple, reconnaissant, fêtait chaque jour davantage son nouveau héros.

C'est en cette année 2125, alors qu'il détenait encore tous les pouvoirs, que débute notre histoire.

Le bureau

Il faisait beau ce jour-là en cette nouvelle année 2125. Comme chaque matin Jean Quatremer était à son bureau de l'Élysée. Rien d'ostentatoire, le Président ayant pris soin d'ôter tout signe qui put donner l'impression d'une quelconque abondance. Lui-même était vêtu sobrement; et nul, le rencontrant ailleurs, n'aurait pu se douter de l'étendue de ses pouvoirs.

Il écrivait comme le faisaient jadis les présidents, ayant banni de son bureau toute trace de modernité, lorsque l'on frappa discrètement à la porte dérobée.

– Entre.

Sans bouger de son siège, il continua à écrire, regardant à peine l'homme impressionnant qui venait d'entrer et qui sans préambule prit la parole :

– Comment dois-je t'appeler ? Père, sire, prince, seigneur, président…

– Ne sois pas stupide. Je n'ai pas changé. J'en ai pour une minute.

L'homme ne dit rien et attendit. Quatremer termina la phrase qui devait clore sa lettre, signa, et se leva pour lui serrer la main.

– Je suis content de te voir.

– Mais moi aussi. Je ne m'attendais pas…

– Je n'oublie pas mes amis. Et s'ils sont mes amis, c'est qu'ils sont précieux à notre patrie. J'en ai besoin pour aider ce pays.

– Je ne fais plus de politique.

– Je sais, et je n'ai jamais demandé que tu me soutiennes. Mais maintenant que j'ai le pouvoir, je veux l'utiliser pour le meilleur et avec les meilleurs. Tu n'as rien contre moi ?

– Pourquoi le voudrais-tu ? N'avons-nous pas combattu ensemble ?

Quatremer ne répondit pas tout de suite mais contempla celui qu'il appelait son ami. François Vincent était aujourd'hui un homme d'une quarantaine d'années, grand, digne, beau à sa façon, le teint hâlé, le visage marqué par les épreuves, avec un sourire où perlaient désenchantement et ironie. On sentait qu'il n'était impressionné ni par le chef ni par le lieu.

– Tu n'as pas changé.

– Pourquoi changerais-je ?

– Je ne sais pas.

– Tu ne sais pas ? Toi, François, tu ne sais pas ?

– Tu as sauvé le pays. Tout le monde le reconnaît. Néanmoins…

Ce “néanmoins”, plein de sous-entendus dans la bouche de François Vincent, fit sourire Quatremer ; mais il lui répondit comme si de rien n’était.

– Il n’y a pas d’actions utiles sans pouvoir fort. Tu le sais, j’en ai toujours été convaincu. Et je crois me souvenir que tu étais plutôt d’accord.

Oui, Vincent était “plutôt d’accord”, comme le disait en euphémisme Quatremer, mais il sentait bien que son ami avait quelque chose en tête en lui parlant ainsi. Il ajouta donc prudemment :

– Quand on a vu les méfaits de la démocratie…

– Je sais. Mais, il y a eu aussi bien des horreurs pendant cette révolution, rétorqua Quatremer, fataliste.

– Oui, mais surtout avant.

– L’homme est capable de tout, ce n’est pas nouveau.

– Et de bien plus encore… Que me veux-tu ?

– Qu’est-ce que tu ferais si tu étais à ma place ?

La question surprit le visiteur. Il le regarda avec plus d’attention l’air de dire “pour rien au monde je ne voudrais être à ta place”. Néanmoins, il sourit à son tour. Quatremer força le sourcil comme s’il semblait le comprendre. Il y eut un moment de silence puis il se lança dans un dialogue fougueux et passionné, du ton d’un homme qui serait sûr qu’il partagerait son propos :

– Les prisons sont pleines. Il y a eu trop d’horreurs, de vengeances, d’exactions. Tu vas me dire que c’était la guerre.

– Où veux-tu en venir ?

– Je ne crois pas, moi, que ce soit la guerre. Quand les temps sont durs, les hommes se révèlent ! En bien ou en mal. On m'a raconté ce que tu as fait quand tu étais prisonnier. Je n'ai pas été étonné.

– Je n'ai rien fait d'exceptionnel.

– Non, bien sûr, creuser un tunnel, s'épuiser à mentir et à dissimuler devant l'ennemi, puis faire évader cinquante personnes ce n'est pas exceptionnel…

– Les circonstances s'y sont prêtées.

– Il faut savoir les créer, les circonstances.

– J'ai eu de la chance.

– De la chance et du courage. C'est ce qui manque aujourd'hui. Et de la conscience. Tant qu'il y a de la conscience, il y a de l'homme. Mais beaucoup n'ont plus de conscience, beaucoup sont aveuglés, guidés par la puissance des forces du mal. Et je ne parle pas seulement de certains de ceux qui me combattent. Tu l'as dit : l'homme est capable de tout et de bien plus encore.

– J'imagine que tu ne m'as pas fait venir pour parler du péché humain.

– Détrompe-toi.

– Nous ne referons pas le monde.

– Non. Mais j'ai désormais le pouvoir, un peu, de le transformer.

Quatremer avait prononcé cette dernière phrase d'un ton tranquille. Trop tranquille pour qui les aurait écoutés. Une telle formulation, évidemment, en disait beaucoup. Et François Vincent sut à cet instant-là que ce qu'il avait en tête en le faisant venir était quelque chose de très précis.

Il sourit encore et se convainquit qu'il devait répondre comme s'il s'agissait d'une conversation sans le moindre enjeu :

– L'homme est l'homme et depuis des siècles il n'a guère changé. Comme les chats il a un instinct profond de prédateur. Et de paresse.

– Je ne reproche pas plus à l'homme d'être prédateur qu'au chat. Ce qui est inadmissible, c'est la cruauté gratuite, la méchanceté, la petitesse, la profonde médiocrité, la paresse existentielle, la lâcheté ; toutes les dépravations de l'âme. Tu vois : l'erreur a toujours été de séparer la morale de la justice, la morale de la politique. Je ne referai pas cette faute.

– "La morale n'est pas un Dieu", ne put s'empêcher de lui objecter François.

– Non, mais un guide. Il ne s'agit pas d'éradiquer le péché humain, beaucoup s'y sont essayé et s'y sont cassé les dents. En revanche, on peut agir sur celui qui n'en a pas conscience.

– Bien des hommes ont une très grande conscience à faire le mal.

– Sans doute, François, sans doute. Veux-tu m'aider ?

La question était abrupte : "Veux-tu m'aider ?" Mais bien sûr. Aider celui qui sait et qui peut. Qui peut vraiment. Sauf que la vie est dévorante. Et la fatigue inépuisable.

– J'ai besoin d'hommes comme toi.

– J'ai vu trop d'horreurs pendant cette guerre, trop de haines. Je me suis retiré de tout ce qui est politique, je te l'ai dit.

François Vincent, Quatremer le savait par ses espions, vivait seul face à la mer du Nord dans une des rares maisons qui n'avait pas été détruite lors des affrontements. Sa femme avait été tuée par représailles. Et ses enfants. Alors, revenu de tout, blessé dans son âme et dans sa chair, croyant sans doute que la nature l'apaiserait, il péchait. Il peignait aussi sans conviction comme pour fuir ce qu'il avait accepté d'horreurs. En fait, sans vraiment le savoir, il vivait comme l'un de ces rescapés culpabilisé d'avoir survécu.

– Tu survis. Tu renonces. François, tu ne peux plus vivre comme cela. Il faut que tu me rejoignes. Je vais te dire ce que je veux faire : ré-enchanter la justice, lui redonner vie et raison. Qu'elle n'obéisse plus au droit mais à la morale, au bon sens, à l'homme, à l'exception, au talent, au génie…

– Au génie ? répéta son ami ironiquement.

– Oui, s'il y en a : les juges seront nommés par moi et ne dépendront que de moi. Ils auront plein pouvoir de vie et de mort et leur décision ne pourra être cassée que par moi. Moi seul aussi pourrai les révoquer.

François aurait pu encore ironiser qu'il se donnait ainsi le pouvoir d'un Dieu, mais il ne répondit pas, partagé entre l'estime et même l'admiration qu'il avait pour l'homme, et le danger, peut-être malgré lui, qu'il représentait. Mais, une fois de plus, c'était comme si Quatremer pénétrait dans sa pensée.

– Oui, François, le tyran juste. Je suis, je veux être, je serai le tyran juste. Tyran pour le pouvoir et juste par la conscience.

– Il est plus difficile d'être juste que tyran.

– Détrompe-toi. Le pouvoir use. La conscience demeure. Et je ne veux surtout pas tomber dans les erreurs passées.

C'est le pardon qui doit nous guider, pas la punition. Et la tendresse aussi pour le péché qui, quoiqu'en disent les athées, nous est constitutif. Nous avons assez tué depuis quelques années, assez menti, assez volé, assez blasphémé pour ne pas savoir qu'il y a des meurtres, des mensonges, des vols, des blasphèmes qui peuvent être compréhensibles et parfois même nécessaires. Je crois là encore me souvenir que c'est à peu près exactement le discours que tu tenais. Pour bien juger, celui qui juge doit avoir péché. Tu as tué beaucoup n'est-ce pas ?

– Oui.

– Et, je le sais, tu ne te l'es jamais pardonné ? C'est bien pourquoi tu es l'homme qu'il me faut. Pardonner aux autres et avoir du mal à se pardonner à soi-même. Tout le secret est là. Chaque juge, à sa place, devra être un tyran juste. C'est-à-dire un tyran qui sait, qui comprend. Et il ne devra pas seulement juger dans un palais de justice mais partout, dans la rue, dans les habitations, dans les lieux publics et mêmes privés. Il faut juger la personne plus que la faute. C'est-à-dire exactement le contraire de tout ce qui se fait aujourd'hui.

– Mais comment n'y aurait-il pas des erreurs, des injustices…

– Il y en a, continua Quatremer, il y en aura toujours. Et je veillerai alors à être présent pour en combattre les excès. Mais elles seront bien moindres que celles qu'on a commises jusqu'ici. J'ai vraiment besoin de toi.

– Tu veux que je sois l'un de ces juges ?

– Le juge suprême après moi. Tu auras tout pouvoir.

Tout pouvoir ! Celui qui a toujours aspiré à la liberté, qui a subi les ordres de petits chefs gonflés de leur importance, qui s'est battu contre l'ignorance et la stupidité, qui a sacrifié sa vie à une cause, qui a vu sa famille entière périr, et qui, au bout du compte, est lassé de se réfugier dans la solitude et le mépris, pourra comprendre à quel point ce que venait de dire Quatremer l'avait troublé.

– "Ça fait peur", furent pourtant ses seuls mots.

– Et c'est pourquoi je m'adresse à toi.

– Je peux réfléchir ?

– Non, répondit fortement Quatremer. Mais songe à une chose : historiquement, c'est une chance unique que nous avons là. Tu m'as vu à l'œuvre. Je ne veux pas t'abuser avec une fausse humilité : on ne retrouvera jamais un homme comme moi à la tête d'un État. Et jamais avec un pareil pouvoir. Si quelque chose doit changer, c'est aujourd'hui. Le pays est à reconstruire. Je vais aussi nommer des hommes pour cela. Mais le plus urgent, c'est de rendre l'homme à l'homme. Il faut très vite, par exemple, vider les prisons qui sont une abomination. Quitte à appliquer la peine de mort. Depuis cette guerre, les prisons sont pleines de gens qui n'ont rien à y faire et qui pourraient aider à la reconstruction. À la création. Et tu as les compétences pour cela. Tu le sais, il y a dehors des hommes qui tirent l'humanité vers le bas, des médiocres, des prédateurs sans âme et sans conscience. Des humains qui n'en sont pas et qui sont un danger pour la société. Il faut les éradiquer.

Et, sans plus s'occuper du trouble de son ami, il ajouta :

– Il y a un risque, oui, mais tu me connais comme je te connais. Toi et moi nous savons que nous sommes perfectibles. Nous avons péché plus que les autres.

Nous reconnaissons le mal quand il survient. Toi que je connais, tu es avant tout un homme de bien. Avec ce que je t'offre, et dans le temps où je te l'offre, tu pourras servir les autres. Accepte mon offre et ta vie reprendra du sens. Tu as une minute pour te décider

– C'est bien. J'accepte.

Et c'est ainsi que tout commença.

I

Quelques semaines après cette entrevue, ayant pris habitude et aise dans sa fonction, François se trouvait dans une cellule de la prison de la Santé où l'on logeait depuis un an les condamnés à mort. Le détenu avec lequel il tentait de dialoguer avait été l'un des chefs de la rébellion. Comme Quatremer, Barlier s'était battu pour ses idées sans toujours se rendre compte qu'il avait surtout été manipulé par des hommes qui n'avaient pas ses scrupules. D'abord, magnanime, Quatremer avait tenté de négocier avec lui, mais Barlier n'avait rien voulu entendre. Il tenait à sa dignité, sinon à sa haine. Un premier pardon même n'y avait rien fait. Et les juges d'alors, avec son aval, avaient décidé de sa mort. Les raisons en étaient simples : en effet, aussitôt remis en liberté, Barlier avait voulu l'assassiner.

– Mais asseyez-vous, dit complaisamment le prisonnier, ne restez pas debout. Un juge comme vous travaille beaucoup. Moi, vous le voyez, je n'ai rien à faire sinon jouer de l'harmonica.

– Vous pourriez lire ?

– Pour cultiver les anges ?

– Pourquoi, vous y croyez ? aurait pu répondre François. Mais il se contenta d'ébaucher un sourire pour saluer cette réplique pleine d'humour désabusé.

Le prisonnier, courageux, se disait bien secrètement qu'il allait être fusillé mais, tout de même, sans qu'il voulût le montrer, cette inopportune visite l'intriguait. Alors il continuait à sourire. Ils se défièrent ainsi un instant jusqu'à ce que Barlier, lassé de ce temps immobile, se remît à jouer de l'harmonica.

– Vous ne regrettez rien ? Parvint tout de même à dire notre juge malgré le son de l'instrument que visiblement Barlier avait voulu quelque peu agressif.

– Non.

– Vous savez que vous allez être fusillé demain ?

– C'est le jeu.

Et il avait dit cela, tout sourire, en arrêtant de jouer.

– Vous n'avez pas peur ?

Barlier n'éluda pas la question :

– Si. Pourquoi êtes-vous venu ?

– Pour vous connaître.

– Bonjour ? Au revoir ? Et adieu !

Il avait répondu avec cette ironie désabusée des joueurs qui ont perdu. Mais, en quelque sorte, cela pouvait aussi montrer qu'il avait accepté l'idée de mourir et, même, qu'il s'y préparait. François était venu dans cette prison encore tout rempli d'illusions, la joie au cœur, prêt au rachat de cet homme, mais, l'entendant, il comprit que ce nouveau pardon qu'il avait en tête ne serait certes pas simple à faire accepter.

– Sans doute, lui répondit-il néanmoins.

– Sans doute ? répéta le prisonnier.

– Sans doute.

– C'est bien mystérieux.

– J'ai lu votre dossier.

– Je m'en doute bien, répéta encore le prisonnier, en appuyant toutefois ironiquement sur le mot “doute”.

– Qu'auriez-vous fait à la place des juges ?

– Ce qu'ils ont fait : me condamner à mort.

– Vous ne trouvez pas que cela est injuste ?

– Injuste, non. Idiot peut-être.

François sourit intérieurement. Cette réponse montrait indubitablement que l'homme espérait encore.

Il ajouta alors très vite :

– Parce que c'est du gâchis ?

– C'est vous qui le dites.

– Comment puis-je être sûr que c'est un gâchis ?

– En regardant mes yeux. Je plaisante bien sûr.

François le prit au mot.

– Non, c'est une bonne méthode. Vous n'êtes pas nombreux à être condamnés à mort, une dizaine seulement. Jean Quatremer m'a demandé de vous voir en priorité.

– Nous ne sommes pas non plus si nombreux à avoir tenté de l'assassiner.

– Vous le haïssiez ?

– Je le combattais.

– Une première fois, je peux comprendre mais pourquoi avoir tenté une nouvelle fois de le tuer ? La guerre était finie.

– Vous voulez une réponse sincère ?

– Évidemment.

– Parce qu'il est dangereux. Vous, le nouveau juge, vous vous en apercevrez un jour. Mais, bien sûr, vous préférez vous aveugler. C'est le destin de tous les affidés.

Vincent aurait pu débattre avec lui, défendre, arguer, discuter, objecter, tenter même d'en savoir plus. Et puis, peut-être, – qui sait ? – au fond, cet homme, Barlier, avait-il raison. Un tyran se disant juste, franchement, qu'est-ce que cela pouvait augurer pour l'avenir ? Mais il connaissait Quatremer et il se contenta de lui répondre :

– Je ne sais pas s'il est dangereux mais, en tout cas, il a envie de vous gracier.

– C'est une bonne envie. Mais j'imagine qu'il veut quelque chose en échange.

– Non.

– Eh bien j'en serai ravi. Mais je ne me vois pas être gracié si mes compagnons sont fusillés.

– C'est juste.

– Alors ?

La question était légitime, et la contradiction flagrante, mais cela ne suffit pas pour déstabiliser l'ami de Quatremer.

– Est-ce qu'ils méritent d'être graciés ?

– Pas plus que je ne le mérite.

– En êtes-vous sûr? Je suis très sérieux. En êtes-vous vraiment sûr?

– Comment, Monsieur le nouveau juge, voulez-vous que je réponde à cette question?

– S'il vous gracie, Jean Quatremer n'a pas l'intention de vous laisser moisir en prison mais de vous libérer, expliqua tranquillement Vincent sans tenir compte du sarcasme.

– Voilà qui est intelligent.

– Mais qui est dangereux.

– Effectivement.

– Vous avez peur, continua Barlier en souriant toujours, que nous recommencions, que nous ne soyons pas reconnaissants? Bref, que nous ne soyons pas soumis à Monsieur Quatremer?

L'ironie était bien trop perceptible pour ne pas être blessante. Mais François Vincent n'en avait toujours pas cure. Et il prit tout naturellement le parti de poursuivre le dialogue comme si de rien n'était.

– Ne vous faites pas plus important que vous n'êtes, Monsieur Barlier; non, vraiment, ce n'est pas exactement cela... Revenons plutôt à ce que je disais: êtes-vous sûr qu'ils méritent de vivre, qu'ils vont apporter quelque chose à ce monde en étant vivants?

– Tuer Jean Quatremer, par exemple?

– Soyez certain que je suis très sérieux.

– Et moi, vous croyez que je plaisante?

– Il y a un temps pour tout, continua Vincent: tuer Quatremer ou aider à reconstruire le pays. Vous ne le connaissez pas comme je le connais. Moi, contrairement à vous, j'ai combattu à ses côtés. Je puis vous assurer que c'est un homme hors du commun. Et puis souvenez-vous de ce que sont devenus les assassins de César…

Barlier voulut répliquer mais François l'arrêta d'un geste.

– Jean Quatremer n'a aucune peur de mourir. Ce serait simplement inopportun. Comme nous le disions tout à l'heure: du gâchis. Serait-ce, en revanche, un gâchis de fusiller vos compagnons qui, comme vous, ont été condamnés?

– Évidemment.

– Vous mentez bien sûr.

– À quoi jouez-vous?

– Je ne joue à rien, Monsieur Barlier. J'essaie simplement de savoir si certains hommes sont mieux dans ce monde que dans l'autre.

– Eh bien!

– Oui, Monsieur, et, ne vous en déplaise, c'est un vrai questionnement.

Il avait répondu gravement. Au point que Barlier en resta coi. François alors le fixa intensément et ajouta, à la limite de la menace:

– Vous allez m'aider?

– Non.

– Très bien. Vous avez compris, je suppose, que Jean Quatremer m'a remis son pouvoir de vie et de mort.

– Il m'avait bien semblé.

– ...Et que je ne me réfugierai pas derrière sa générosité pour prendre une décision ?

– Vous, vous êtes un homme dangereux.

– Je ne crois pas.

– Un Torquemada.

– Je ne pense pas que les flammes puissent sauver les âmes, si c'est cela que vous voulez dire. Vous êtes courageux Monsieur Barlier. Mais il ne s'agit pas seulement de vous et de votre courage. Ces hommes et ces femmes ont des proches, des enfants, des œuvres peut-être à accomplir, je veux bien le croire. Je suis peintre et je sais qu'il aurait été bien bête de tuer Michel-Ange à cause de ses débauches avant qu'il n'ait peint la chapelle Sixtine. Mais sont-ils des Michel-Ange ?

– Absurde ! Que voulez-vous que je vous réponde : que tel est digne de vivre, que tel autre ne l'est pas ?

– C'est un peu ça, oui.

– C'est votre nouveau métier Monsieur le peintre, assumez-le. Quant à moi je préférerais être bourreau que juge.

– Le roi Lear... Bravo !

– Les nazis aussi avaient de la culture.

– Les nazis ne venaient pas dans la cellule d'un condamné à mort pour tenter de lui sauver la vie.

– À condition que cette vie lui agrée.

– À condition que cette vie apporte au monde.

– Vous êtes fou.

– Oh que non ! lui répondit François avec, cette fois, un sourire désabusé. Mais vous n'avez toujours pas répondu à ma question.

– C'est du chantage.

– Vous êtes un petit-bourgeois, Monsieur Barlier, coincé dans une idéologie rétrograde. Vous n'arrivez même pas à concevoir que l'on puisse penser les choses autrement. Vous l'avez proclamé vous-même, vous et vos compagnons méritez la mort. Vous avez essayé de tuer Jean Quatremer et il est légitime que les juges décident de vous tuer à leur tour. Cela, c'est dans la logique des choses. Dans la logique de l'œil pour l'œil. Une autre logique consisterait à vous pardonner en espérant, comme vous l'avez dit tout à l'heure, que vous en serez reconnaissants. Nous ne sommes pas dans ces perspectives de vengeance et de calcul, Monsieur Barlier. Ces juges qui vous ont condamnés ont été démis de leur charge. Nous sommes en train de changer l'esprit même de la justice. Ce n'est plus la faute que l'on va désormais juger mais la personne.

– Donc je suis libre ! répondit Barlier sans cacher la provocation.

– Vous plaisantez encore mais c'est vous qui mettez comme condition que l'on gracie aussi vos compagnons.

– Je ne peux pas faire autrement.

– Je l'ai bien compris. Mais si je cède à votre demande, c'est vous qui serez responsable.

– Responsable de quoi ?

– Du mal qu'ils pourront commettre si je les gracie.

– Vous vous fichez de moi.

– Oh que non ! C'est extraordinaire comme vous n'arrivez pas à me comprendre.

– Je crois que je ne vous comprends que trop.

– Je parle de "comprendre" Monsieur Barlier, au sens espagnol du terme, "*entender*" si vous connaissez cette langue, pas de "comprendre". Vos amis – vous le savez mieux que personne puisque vous avez souvent tenté de les en empêcher – ont commis des exactions qui, même en temps de guerre, étaient inadmissibles. Nous avons libéré tous ceux qui n'avaient pas de sang sur les mains.

– Du sang sur les mains ! Tout le monde avait du sang sur les mains. Et ceux qui n'en avaient pas étaient des lâches. Vous plaisantez, Monsieur le juge !

– Vous aviez parfaitement compris. Mais pour l'instant cela importe peu. Alors, qu'est-ce que je fais ?

– Comment cela ?

– Pour vos amis. Pour vous, comme vous l'avez, j'imagine, compris, c'est acquis, je vais vous libérer. Ce serait dommage que vous rejoigniez si tôt notre créateur, mais pour les autres ?

– Visitez-les ! Faites-vous une idée par vous-même, Monsieur le nouveau juge. Un chrétien comme vous sait que les hommes changent, il me semble… Et aussi que les circonstances changent.

– Je vous rappelle, si dans l'euphorie de votre joie cachée vous l'aviez oublié, que vous deviez être fusillé demain. Et vos amis aussi.

– Faites reculer la date de leur exécution et soyez beau joueur : allez les voir.

– Je le pourrais mais je ne le ferai pas.

– Pourquoi ?

– À votre avis ? Je vais vous libérer et je vais aussi libérer vos compagnons car je ne veux pas vous mettre dans la délicate situation de me répondre autrement que vous l'avez fait. Vous êtes un homme de bien et courageux, c'est avec des gens comme vous que nous désirons travailler. Cette triste guerre est finie et nous voulons commencer une nouvelle ère.

– Je ne me suis jamais trompé de combat, Monsieur.

– Je crois que si. Et d'amis. Mais j'imagine, là encore, que cela signifie que votre réponse est négative, que vous refuserez de travailler avec nous ?

– Vous imaginez bien.

– Dommage. Parlez, en tout cas, à vos compagnons, et gravement : je sais qu'il y a parmi eux des gens qui ne méritent pas de vivre. Cette grâce est une grâce dont ils n'ont pas idée mais ce sera la dernière fois. S'ils récidivent dans l'horreur, une balle est pour eux préparée.

Et changeant promptement de sujet :

– Vous jouez les intrépides, bien entendu, mais vous êtes tout de même soulagé de ne pas mourir, non ?

Il lui avait dit ces derniers mots d'un ton un peu trop supérieur. Et bien trop supérieur pour que l'on ne puisse pas soupçonner dans ces propos la satisfaction d'un homme de pouvoir. Ce qui, évidemment, n'avait pas échappé à un individu aussi fin que Barlier.

– Vous cherchez un remerciement ? Avait-il répondu plus ironique que jamais.

– Non, de l'honnêteté. N'oubliez pas ce que je vous ai dit : vous êtes responsable. Il y a parmi vos compagnons, je le répète, des hommes sans morale, des hommes de main prêts à toutes les compromissions et à toutes les bassesses. Et qui continueront, j'en suis sûr, leurs œuvres mauvaises. Il faut vraiment que je vous estime pour leur faire grâce ; mais ne fuyez pas le réel Monsieur Barlier, cela accentuera votre responsabilité quand ils vont recommencer à sévir. Ils n'auront plus l'excuse de la guerre. Voulez-vous toujours que je les libère ?

– Oui.

– Très bien. Je le ferai. Mais n'oubliez pas encore que tout commence demain…

Barlier, toujours plus provocateur, et d'autant plus qu'il avait évidemment compris qu'il ne risquait plus rien, voulut répondre ; mais, ayant distillé sa menace, François l'en empêcha en lui tournant le dos comme pour clore la conversation, ne souhaitant sans doute pas risquer de revenir sur sa décision. Puis très vite il frappa trois fois à la porte de la cellule qui s'ouvrit aussitôt.

– À nous revoir, Monsieur Barlier.

Le prisonnier hésita encore à faire un bon mot mais se tut. Le gardien apparut un instant, jeta un coup d'œil dans la cellule et, très vite à son tour, referma la porte. Le juge était sorti sans d'autres signes d'attention que ces dernières paroles. Barlier sifflota comme pour saluer l'adversaire puis saisit son harmonica et se mit à en jouer.

Et quelques petites notes très gaies résonnèrent dans la prison…

II

De jour en jour, François Vincent était de plus en plus heureux de sa mission de juge et de justicier. Il en venait à oublier son passé douloureux. Il était même devenu en quelque sorte célèbre. Chacun, désormais, le reconnaissait dans la ville. Il avait pris son nouveau métier à cœur et dire que les passants le craignaient était un euphémisme… À tout moment, il pouvait en effet leur arriver quelque chose. Et ils se tenaient cois, ne voulant pas risquer une confrontation humiliante et dangereuse en répondant à des questions qui les mettaient bien souvent en face de leur médiocrité.

Une après-midi, alors que François faisait sa ronde quotidienne avec deux policiers dans une rue de Paris, on entendit des cris. La chose n'était pas si courante, la ville étant devenue de plus en plus sûre. C'était néanmoins bien une femme qui se faisait arracher son sac par un voleur. Les passants, apeurés, s'étaient écartés, laissant la place aux policiers qui, sous l'ordre de François, s'étaient lancés à la poursuite de l'homme. La femme s'était retrouvée à terre, entourée de quelques passants qui avaient repris courage.

François s'approcha d'elle et l'aida à se relever.

– N'ayez pas peur Madame, ils vont le rattraper.

La femme le regarda pour le remercier et, soudainement paniquée, balbutia quelques mots incompréhensibles :

– Vous êtes… ? Mais c'est…

– Oui.

Le reconnaissant à leur tour, quelques passants qui n'avaient pas encore compris qui il était, s'écartèrent très vite en tâchant de rester le plus naturel possible.

– Qu'allez-vous lui faire ? balbutia-t-elle encore.

On sentait qu'elle était complètement affolée. À peine pouvait-elle le regarder. Elle haletait. Pire, comme cherchant de l'aide, elle jetait des coups d'œil désespérés vers les derniers courageux qui étaient restés.

– Nous verrons, lui répondit calmement François.

Et, d'un geste, il fit s'éloigner les trois derniers passants.

– Il n'y avait pas grand-chose dans mon sac, réussit-elle à dire, tandis qu'ils obéissaient.

– Qu'importe Madame.

– Je l'avais fait tomber. Il l'a ramassé.

– Oui, sans doute. Vous le connaissiez ?

– Qui ?

– Le voleur.

– Non.

– Très bien. Nous allons ensemble faire sa connaissance et vous jugerez vous-même.

– Je préfère…

Mais elle ne continua pas sa phrase. Les policiers ramenèrent l'homme qui se débattait comme s'il savait ce qui l'attendait. La femme, anticipant la situation, voulut maladroitement s'enfuir mais, faisant comme s'il ne s'en apercevait pas, habitué visiblement à ce genre de réaction, François la retint par le bras.

– C'est bien votre voleur ?

– Oui, enfin…

– C'est lui ou ce n'est pas lui ? Redonnez ses affaires à Madame.

L'un des policiers, qui avait ramassé le sac à main, le lui tendit tandis que le voleur la fixait d'un regard suppliant.

– Tout est là. Rien n'a été volé, dit-elle en le fouillant rapidement.

– De quoi avez-vous peur Madame ? lui demanda François comme s'il ne le savait pas.

– Mais… de vous.

– Je suis donc si terrible ? Reprenons. C'est bien votre voleur ?

– Je ne sais pas.

– Vous ne savez pas ? Qu'importe !

Il lui sourit en haussant les épaules et se retourna brusquement vers le voleur toujours tenu par les gendarmes.

– C'est toi qui as volé le sac de Madame ?

– Non.

– Mauvaise réponse. Nous t'avons vu tous les trois et Madame aussi t'a vu. Et tous ces gens, là-bas.

– Je peux m'en aller? dit la femme d'une toute petite voix.

– Restez. Il est important que vous soyez témoin de ce qui va se passer. Tu connais la loi?

– Oui, répondit l'homme de plus en plus effrayé.

– Ton nom?

– Pierre Blanchard.

– Eh bien, Pierre Blanchard, selon ce que tu vas me dire tu seras exécuté immédiatement ou libéré.

– Je… La dame a dit…

– La dame connaît la loi aussi bien que toi et elle cherche à te protéger, ce qui est tout à son honneur. À toi de me prouver qu'elle a raison.

– Je…

– Il est mort de peur. Comment voulez-vous qu'il s'exprime.

Elle avait osé intervenir. Et elle ajouta même que ce qu'il avait soi-disant dérobé n'était qu'un sac, que du matériel au bout du compte, que ça n'avait aucune importance, que si elle ne l'avait pas retrouvé elle en aurait racheté un autre, qu'il était vieux, qu'il ne lui avait de toutes les façons finalement rien volé… Bref, il lui avait presque rendu service! Elle parlait très vite, mêlant tout, suppliant. François l'écoutait, toujours souriant, tandis que Blanchard, désespérément, acquiesçait de la tête.

– Vous, bien sûr, vous le gracieriez. Mais pourquoi le feriez-vous ? Par générosité ou pour ne pas avoir sa mort sur la conscience ?

– Je ne comprends pas, répondit-elle de plus en plus affolée.

– Vous me comprenez très bien.

– C'est horrible ce que vous allez faire. Moi j'aurais perdu mon sac, lui vous allez lui voler sa vie.

– Voler ?

– Enfin... Comprenez... Je préfère qu'il m'ait volé mon sac.

– Vous ne croyez pas à la politique du gouvernement ?

– Si... Non...

– Vous préférez que les voleurs croupissent dans des prisons ?

– Non... Oui...

Elle ne savait plus quoi répondre. Mais François ne la lâchait pas.

– Non ou oui ?

– Je ne sais pas. C'est... c'est disproportionné.

– Les prisons sont vides aujourd'hui.

– À quel prix ! Vous videz les prisons mais vous remplissez les cimetières.

Il fallait du courage pour répondre ainsi. Elle avait lâché cela dans un cri de désespoir. Comme une insulte. En tout cas, comme une réprobation. Tout autre juge que François aurait certainement réagi violemment mais, lui, il était habitué et, surtout, il savait ce qu'il faisait.

– Il y a des morts pires que la mort, Madame. Je ne sais pas si vous pouvez me comprendre mais, avant, les gens pourrissaient dans les prisons, ils y crevaient non de leur corps mais de leur esprit et de leur âme. C'était une abomination. Vous ne croyez pas ?

– Je ne sais pas, sans doute…, balbutia-t-elle encore.

– Sans doute ?

– C'est comme si au ciel, il n'y avait pas de purgatoire.

C'était sorti dans un murmure ; et ces quelques mots, qui disaient vraiment quelque chose de la sensibilité de cette femme, réjouirent le cœur du juge François. Comment pourrait-on dire ? C'était, pour lui, comme si tout à coup il se retrouvait en face d'un égal. Il se dit que c'était peut-être pour ces rencontres-là qu'il avait accepté la proposition de Quatremer.

– Si ma mémoire est exacte, répondit-il alors, ce n'est qu'au Concile de Trente que l'Église a institué le purgatoire. Et il a été – me semble-t-il aussi – une des raisons principales de la rupture de Luther avec la papauté.

– Je ne sais pas, je ne suis pas si savante.

– Mais vous êtes une sainte femme, je le vois dans vos yeux.

– Je ne crois pas.

– Toi, le voleur est-ce que tu vas continuer à voler ? demanda-t-il soudainement, en se tournant vers l'homme tremblant, voulant plus ou moins consciemment donner à la femme des gages de sa probité.

– Non, répondit la pauvre créature.

– À mentir ?

– Non.

Mais cette fois, malheureusement pour lui, ce "non" avait un peu trop tardé pour être considéré par François comme vraiment sincère.

– Vous voyez Madame qui est cet homme. Demain il tuera pour voler.

– Que voulez-vous qu'il réponde? murmura encore la digne femme.

– La vérité.

– C'est un grand mot: la vérité. J'admire vos certitudes. Est-ce si grave d'être volé? ajouta-t-elle, la voix déjà plus assurée.

– Non, mais c'est grave d'être un voleur quand on ne sait pas qu'on est un voleur. Tu es un voleur?

– Non, répondit le pauvre homme sans réfléchir.

– Vous voyez bien.

– Il cherche à dire ce qu'il faut dire pour sauver sa vie. Il faut lui laisser du temps.

François acquiesça. Puis se tourna de nouveau vers le voleur. Et, là, l'entendant, la femme comprit qu'il voulait moins donner une chance à la pauvre créature que chercher définitivement à lui prouver qu'il était dans la vérité.

– Pourquoi voles-tu?

– Je ne vole pas.

– Tu es pauvre?

– Oui.

– Personne en France n'est plus vraiment pauvre aujourd'hui et tu le sais très bien. Le gouvernement a agi pour cela. Tu voles pour le superflu ?

– Je ne vole pas.

– Il est irrécupérable, vous voyez bien, dit-il, s'adressant aussi aux deux policiers.

Ils sourirent à leur tour, complices et habitués, ce qui effraya encore plus la pauvre femme qui, plus désespérée que jamais, s'essaya vers l'homme à une dernière tentative :

– Avoue-leur que tu as essayé de voler mon sac, c'est ce qu'ils te demandent de dire.

– Je n'ai rien volé.

– Mauvaise réponse encore, lui répéta le juge. C'est pour le plaisir que tu voles, pour l'adrénaline ?

– Je ne vole pas.

– Ton système de défense est totalement stupide. Si tu ne me fais pas confiance, fais au moins confiance à cette femme qui te pardonne ton geste.

– Personne ne peut me condamner. Je n'ai rien volé. Vous n'avez pas retrouvé le sac sur moi.

– Nous sommes quatre à t'avoir vu le jeter, répéta encore le juge. Sans parler des passants.

– Je ne l'avais pas sur moi. Il n'y a pas de preuve.

– Le monde a changé Monsieur Blanchard, il ne s'agit pas tant de ce que vous avez fait mais de ce que vous êtes.

– Vous n'allez pas..., tenta le voleur, ne terminant pas sa phrase et tremblant de plus en plus.

– Je ne sais pas encore. Tu as des complices ? Tu sais ce qui va t'arriver. Tu as des complices ?

– Vous allez me... m'exécuter ?

– Qu'est-ce que tu as vraiment à dire pour ta défense ? Qu'est-ce que tu es ? Qu'est-ce que tu as fait de bien sur la terre ? Tu as des complices ?

– Si je vous le dis vous me gracierez.

– Délateur en plus. Voleur et délateur. Et hier assassin j'imagine.

– J'étais de votre côté. Oui, à la guerre, j'étais de votre côté.

– Peut-être, mais moi je n'étais pas du tien. Emmenez-le !

Voyant qu'il n'y avait plus rien à faire, l'homme se mit à hurler : "Mais Monsieur... S'il vous plaît... J'ai combattu avec vous. Pitié. Pitié !" Sauf que François était trop dégoûté, trop sûr de son droit et de ses convictions pour vouloir l'entendre. Comme les policiers commençaient à l'entraîner, il leur cria : "Une balle ! Dépêchez-vous." Blanchard, alors, par un effort désespéré réussit à se retourner et à faire s'arrêter les gendarmes : "Je suis un voleur, c'est vrai, j'avoue...". La femme voulut s'interposer, se débattit comme si elle-même était coupable et, finalement se jeta aux genoux de François tout en suppliant : "S'il vous plaît... S'il vous plaît, vous n'allez pas faire cela. Il est encore temps." Mais il n'était plus temps pour François qui fit un signe sec aux deux policiers pour l'emmener. La femme, alors, tenta une dernière parole d'apaisement et de pardon mais le visage du juge était impénétrable. C'en était fait. Les deux policiers, brutalement, entraînèrent le pauvre Blanchard qui n'arrivait même plus à hurler.

Quelques secondes passèrent puis, gentiment, François s'illumina d'un sourire et tendit la main pour aider la femme à se relever. Comme elle restait par terre et refusait obstinément cette main tendue, le juge chercha une fois de plus à se légitimer : "Je ne m'en lave pas les mains Madame, croyez-le."

– Que m'importe, hurla-t-elle, c'est un meurtre !

– Non Madame, une justice.

Dans la bouche du juge, le mot avait claqué car il l'avait voulu définitif. Mais elle ne le regarda même pas. On entendit alors au loin un coup de feu. La femme se figea un instant puis s'effondra en criant comme si elle avait reçu elle-même la balle. De l'autre côté de la rue, quelques courageux badauds, mortifiés, regardaient la scène. La femme était maintenant toute recroquevillée comme une petite vieille et murmurait, pleurant de plus belle : "C'est abominable. C'est abominable... Pour un sac." François attendit un peu qu'elle se remette et s'agenouilla près d'elle.

– Il y a des lâchetés coupables Madame. Au fond de vous-même vous savez bien que cet homme n'avait ni cœur ni esprit et qu'il était dangereux pour l'humanité. Il n'aurait rien volé que cela eut été pareil. Nous sommes abîmés par ces êtres-là. Et même si vous me détestez et si vous ne comprenez pas ce que je fais, nous sommes en revanche enrichis par des gens comme vous. Je me sacrifie pour vous en me salissant les mains, même si vous ne pouvez pas le comprendre.

– C'est abominable. C'est tout ce que j'ai à dire, répliqua-t-elle sèchement en se relevant le plus dignement possible.

– Je comprends. Mais que fallait-il faire de cet homme ? Il vous a volé votre sac. Vous avez appelé au secours. Si nous ne l'avions pas attrapé, il en aurait volé d'autres. Il aurait tué peut-être, violé, torturé : vous vouliez que je le remette en liberté ?

– Non, mais…

– Je l'aurais fait. Voler ce n'est rien. Mais voler sans conscience du mal que cela procure, c'est très grave.

– Vous l'avez tué, répéta-t-elle comme un mantra.

– Oui. Et il sera bien mieux au ciel qu'ici. Car là-bas, au Royaume, Dieu est infiniment compatissant. Il peut transformer les âmes. Nous n'en avons pas le pouvoir ici-bas. Mais nous nous sommes donné tout de même le pouvoir de rendre le monde meilleur. Ma tâche est lourde. Vous devriez plutôt prier pour moi au lieu de me condamner.

– Je ne vous condamne pas, je vous plains. Et, oui, je vais prier pour vous. Vous en aurez besoin quand vous serez en enfer.

– Au purgatoire, Madame, au purgatoire… Merci.

Songeur, il la regarda qui s'éloignait lentement, tandis que réapparaissaient les deux policiers.

– Comment est-il mort ?

– En pleurant.

– Vous avez fait le nécessaire ?

– Oui.

On pouvait comprendre, à ces derniers mots, que ce qui venait de se passer dans cette rue de Paris n'était, somme toute, pas si extraordinaire. Il remercia néanmoins les policiers et ils continuèrent leur ronde, les quelques passants qui, de loin, avaient assisté à la scène, s'écartant au plus vite à leur passage. François regardait partout, ennuyé, mais aussi amusé, par ce manège.

Une femme qui traversait la rue d'un air nonchalant, attira plus particulièrement son attention.

– Amenez-moi cette femme là-bas, demanda-t-il aux policiers.

– Tout de suite.

Armes à la main, les deux policiers se précipitèrent vers la femme qui, sans trop de conviction, tenta tout de même de s'éloigner. Ils la saisirent. François s'approcha.

– Bonjour Madame. Vous vouliez vous enfuir ?

– Vous êtes de la police ?

– En quelque sorte, oui. Je suis le juge Vincent.

– Que me voulez-vous ?

– Rien. Vous regarder.

– Eh bien, faites-le.

– Oui, c'est ce que je fais, lui rétorqua François en la fixant avec d'autant plus d'attention.

– Que voyez-vous ? dit-elle, bravache. Vous voulez ma photo…

– Ce que je vois ? Je ne sais pas encore. Vous faites quel métier ?

– Je n'ai pas de métier.

– Vous vivez des allocations du gouvernement ?

– Oui.

– Vous avez des enfants ?

– Non.

– Vous êtes amoureuse ?

– Ça ne vous regarde pas.

– Vous êtes amoureuse ? répéta-t-il d'un ton qui ne demandait pas de réplique, bien conscient qu'une telle question ne pouvait que la déstabiliser.

– Non.

– Quelqu'un vous aime ?

– Je ne sais pas.

– Qu'est-ce que vous faites toute la journée ?

– Je m'ennuie.

François sourit à cette réponse qui, certainement, le confortait dans son intuition. Il se voulait aimable mais il avait tout de même l'air d'un chasseur qui vient d'attraper une proie. Il continua son interrogatoire, ostensiblement réjoui, plus concentré encore.

– Pourquoi ne travaillez-vous pas ?

– Je n'aime pas cela.

– Vous n'aimez pas cela… Ça vous fatigue ?

– On va le dire comme cela, oui.

– Et aimer aussi vous fatigue ?

– Pourquoi me posez-vous toutes ces questions ? lui jeta-t-elle, en commençant un peu à s'affoler.

– Votre nom ?

– Marthe Blême. Est-ce que vous avez le droit de…

– J'ai tous les droits, vous le savez très bien.

– Je peux repartir ?

– Attendez ! Qu'est-ce que vous avez à dire pour votre défense ?

– Pour ma défense ? balbutia-t-elle, interloquée.

– Oui, pour votre défense.

– Je ne comprends pas

– Je vous demande ce que vous avez à dire pour votre défense et vous avez intérêt à répondre vite, répéta-t-il fortement.

– Je ne comprends vraiment pas.

– Quel est le sens de votre vie si vous préférez ?

– Le sens de ma vie !

– Oui.

– Je ne comprends pas.

– Vous ne comprenez pas grand-chose.

– Tout le monde ne peut pas être intelligent.

– Tout le monde sait pourquoi il vit et ce qu'il apporte aux autres. Qu'est-ce que vous apportez aux autres ?

Et, cette fois, il la regardait d'un air dur.

– Je n'ai jamais rien fait de mal.

– Il ne s'agit pas de ce que vous avez fait de mal mais de ce que vous avez fait de bien. Qu'avez-vous fait de bien ?

– Je ne sais pas.

– Vous ne savez pas ?

– Non.

– C'est ennuyeux.

– Je peux repartir maintenant ?

– Vous avez bien des activités. Vous lisez, vous cousez, je ne sais pas…, continua-t-il impitoyablement.

– Je regarde la télévision.

– Vous regardez la télévision, répéta-t-il en la fixant avec mépris.

– Oui.

– Quelle chaîne ?

– Comment cela ?

– Il y en a plusieurs aujourd'hui qui viennent de l'étranger, la chaîne nationale au moins… ?

– Cela dépend.

– Vous avez peur de répondre ?

– Pourquoi ? Je n'ai pas le droit de regarder la télévision ?

– Si. Mais pas celui de vous abêtir. Vous vous devez à vous-même et aux autres.

– Je ne comprends pas.

– C'est bien ce que je vous reproche. Emmenez-la !

– Mais quoi… Je…

Elle balbutia quelques mots encore, les yeux de plus en plus paniqués ; mais, déjà, les policiers la saisissaient et l'entraînaient de l'autre côté de la rue vers l'un des lieux prévus à cet effet et que tous les Parisiens désormais redoutaient.

– Une balle ! ordonna François comme pour dire qu'une seule balle suffirait.

Quelques instants passèrent. Puis on entendit un unique coup de feu.

De nouveau, c'en était fait.

III

Les mois passaient et, chaque fois pour François Vincent, c'était une nouvelle aventure. Un jour, c'était un clochard à qui il accordait la vie sauve non par opposition spirituelle à l'eugénisme, mais parce qu'il sentait, après lui avoir parlé, que ce seul être nu, pauvre et seul, dans la rue, était une cristallisation d'humanité ô combien nécessaire à la population. Mais une autre fois c'était un autre clochard, apparemment ressemblant, qu'il faisait sans pitié exécuter parce qu'il décelait en lui salissure et médiocrité. Pour François, cette présence paresseuse et suicidaire était une insulte à l'humanité. Une tache pour ses frères humains. Comme il le disait souvent, reprenant les mots de Quatremer: "chaque péché de chaque individu salit l'humanité tout entière." Et quel sens a une vie si elle n'est pas faite aussi pour apporter aux autres?

Aucune règle, alors, sinon l'extrême conscience du disciple d'un tyran qui se disait juste.

Un jour donc, on retrouve François dans un vieil appartement parisien. Il y console une femme en pleurs dont on vient de tuer le mari. La femme est dans tous ses états, laide à force de pleurer, et François, face au cadavre encore chaud de l'homme, a bien du mal à l'apaiser. Le temps passe et on sent même qu'il s'agace. Il a beau lui dire que les policiers qu'il a envoyés retrouveront à coup sûr l'assassin et qu'ils le ramèneront, rien n'y fait, elle pleurniche toujours et de manière très désagréable.

On sonne enfin à la porte. Après quelques hésitations, tentant de sécher ses larmes, la femme va ouvrir. Entrent alors trois policiers, tenant le présumé assassin, entravé.

– C'est lui ?

– Oui.

Mais à peine le juge a-t-il eu le temps de lui désigner l'homme qu'elle se jette sur lui comme pour lui arracher les yeux. Les trois policiers s'interposent.

– Oh calmez-vous, ce n'est pas à vous de rendre la justice, c'est à moi, ordonna François en la tirant en arrière.

– Il a tué mon mari.

– Je le sais, vous me l'avez dit.

Posément, alors que la femme se remet à pleurnicher, il se tourne vers le cambrioleur :

– Toi, qu'as-tu à dire pour ta défense ?

– Rien, répondit placidement l'homme. J'étais gentiment en train de voler quand le monsieur s'est jeté sur moi.

– Et tu l'as tué.

– Difficile de faire autrement : il s'acharnait. Qu'auriez-vous fait à ma place ?

– Heureusement que je ne suis pas à ta place. Tu considères que c'est un accident ?

– Je l'ai tué. C'est tout de même un meurtre.

– Tu regrettes ?

– Évidemment. Je vais quand même mourir pour une sottise.

– C'est la malchance que tu regrettes. Pas d'avoir tué cet homme ?

– Je ne le connaissais pas.

– Pourquoi tu voles ?

– Vous voulez la vraie réponse ? répondit l'assassin sans visiblement être désarçonné. Elle ne va pas vous plaire.

– On ne sait jamais.

– Pour m'amuser. Pour avoir plus.

– Tu t'ennuies dans notre société ?

– Depuis la fin de la guerre, oui.

– Et à part voler qu'est-ce que tu fais comme métier ?

– Je vis.

– C'est-à-dire que tu ne fais rien.

– Pas dans le sens où vous l'entendez, en effet.

– C'est le premier homme que tu tues ?

– Depuis la guerre, oui.

– Ça t'a rendu heureux ?

– Non.

– Tu ne mens pas ?

– Au point où j'en suis.

– Tu connais la loi ?

– Évidemment.

– Tu l'approuves ?

– Non, bien sûr.

– Bien.

Le dialogue avait été rapide, clair, sans fioritures. L'homme avait répondu sans se faire d'illusions comme un homme qui sait qu'il a perdu et qu'il va payer. Le juge, tout en l'interrogeant, se demandait tout de même si cette manière de se conduire n'était pas d'une suprême habileté. C'est donc pensif qu'il s'adressa à la femme qui avait enfin cessé de pleurer.

– Qu'est-ce que vous en pensez Madame, je le fais exécuter ou je le libère ?

– Mais... Il a tué mon mari.

– C'était un homme bien votre mari ?

– Mais bien sûr, c'était un homme merveilleux, il...

– Généreux ?

– Mais... Oui.

– Il l'aurait gracié à votre avis ?

– Mais... Je ne comprends pas.

– Puisqu'il était généreux, il aurait pu le gracier.

– Vous voulez...

– Je ne veux rien. Je vous pose une question.

– Je… Je ne sais pas.

– Et vous ?

– Il a tué mon mari.

– Vous voulez que je le gracie ou que je le tue ?

– Mais…

– Mais quoi ?

– Mais c'est évident.

– Qu'est-ce qui est évident ?

– Qu'il ne faut pas le relâcher.

– Donc, il faut le tuer ?

– Mais oui.

– Très bien. Alors vous allez le faire. Pascal, donne-lui ton arme.

Là encore, le dialogue avait été très vif et les dernières paroles cinglantes. La femme le regarda, interloquée, ne sachant, comme on dit, si c'était du lard ou du cochon. Imperturbable, le juge la fixait, attendant sa décision. Elle tenta de balbutier quelque chose comme quoi ce n'était pas à elle…, qu'elle n'était qu'une pauvre femme dont on avait tué le mari…, qu'il fallait que la justice… Mais François ne disait toujours rien, désignant simplement le révolver qu'un des policiers lui tendait. Elle était complètement perdue.

– Vous voulez…, balbutia-t-elle encore.

– Oui. Il a tué votre mari. Il est juste que vous le tuiez. Vous n'êtes pas d'accord ?

– Si, répondit-elle hésitante.

– Alors prenez son arme. Vous savez vous en servir ?

– Oui. Je crois.

– Vous croyez ou vous en êtes sûre ?

– Mon mari… Enfin je veux dire… Pendant la guerre… Il m'a montré.

– Je comprends. Alors prenez le révolver et tuez-le. Faites-vous justice. Sinon nous le relâcherons.

– Vous n'allez pas… ?

– Si. Tuez-le, je vous dis, si vous souhaitez qu'il paye.

La femme hésitait puis, comprenant qu'il allait vraiment le libérer, tendit la main vers le révolver. François l'arrêta.

– Attendez ! Qu'est-ce que vous en pensez, vous ? dit-il en se tournant vers l'assassin.

– Ce n'est pas ma logique mais je peux comprendre, répondit l'homme sans toujours se départir de sa décontraction.

– Vous acceptez la sentence ?

– Je ne peux guère faire autrement.

– Madame peut changer d'avis, suggéra-t-il en regardant la femme d'un air entendu.

– Pour que vous le libériez ? Ah non.

– Alors faites ce que vous devez faire.

Un court temps passa où elle regarda l'assassin de son mari. Puis cette fois résolue, elle tendit la main vers le policier.

– Donnez-lui le revolver, dit François au policier nommé Pascal qui obéit aussitôt.

Elle hésita encore un instant, prit le révolver et le pointa sur la tempe de l'homme qui frémit imperceptiblement.

– Si vous n'enlevez pas la sûreté, ça ne peut pas marcher dit l'un des autres policiers. Et puis vous allez vous salir... Visez le cœur plutôt.

La voyant embarrassée, et sur un signe de François, le policier prit le révolver, ôta la sécurité et le lui tendit en désignant le cœur. La femme s'en empara cette fois avec détermination, s'écarta un peu, mit grotesquement un doigt dans son oreille comme pour se prévenir du bruit, ferma les yeux...

L'homme se tend.

– Une seconde ! intervient François. Qu'est-ce que cela vous apportera de le tuer ?

– Il a assassiné mon mari.

– Oui, bien sûr, mais qu'est-ce que cela vous apportera comme satisfaction ?

– Je ne sais pas. Je serai vengée.

– Vous serez vengée ?

– Oui.

– Et ensuite ?

– Justice sera faite.

– Quelle justice ?

– Il a tué, il doit être tué.

– Moi aussi j'ai tué pendant la guerre. Pourquoi ne me tuez-vous pas ?

– C'était pendant la guerre et ce n'était pas mon mari.

– C'était le mari de quelqu'un d'autre.

– Pas mon mari.

– Pas votre mari ?

– Non.

Si ce n'avait été aussi tragique, la scène aurait pu sembler des plus ridicule. François, qui l'avait en quelque sorte piégée, en avait conscience et, cruellement, avait du mal à ne pas s'en amuser. Il regarda les policiers d'un air complice et continua son interrogatoire :

– Pensez-vous qu'il ait tué par volonté ou par accident ?

– Qu'importe, il a tué

– Il a tué alors vous tuez ?

– Oui.

– Vous êtes dangereuse.

– Je fais justice.

– Drôle de justice que la vengeance. Emmenez-la !

La femme se met à hurler : "Mais vous avez dit... Je ne comprends pas... Qu'est-ce qui se passe ? Qu'est-ce qu'il y a ? Où m'emmenez-vous ?"

– Une balle, dit François tandis que deux des policiers l'entraînent dans l'escalier.

– Vous n'allez pas ?... intervient l'homme sans finir sa phrase, en les regardant sortir.

– Si.

– Ce n'est pas possible. Vous ne pouvez pas… Je vais avoir deux morts sur la conscience.

– Il ne fallait pas voler cher Monsieur, lui rétorqua François tandis qu'on entendit le coup de feu désormais habituel.

– Ce n'est pas vrai, c'est une blague, vous faites semblant de l'exécuter, s'exclama le pauvre homme en tentant de reprendre contenance.

– Croyez-vous ?

Et c'était dit très sérieusement. L'homme comprit alors qu'il venait de vivre quelque chose de terrible.

François se désintéressa de lui, regarda le cadavre qui était resté sur le plancher, sortit son portable et téléphona pour qu'on vienne le récupérer.

– Aidez-moi, au lieu de rester stupide comme cela !

Mais comme l'autre ne bougeait pas, il arracha l'un des rideaux de la fenêtre et en recouvrit le corps du mort. L'homme, après un temps, vaguement, fit mine de l'aider. À cet instant, les deux policiers rentrèrent. Comme s'il avait voulu donner encore un peu plus de véracité à ses propos, le juge leur demanda s'ils avaient bien fait le nécessaire. Les policiers acquiescèrent ; le premier, le nommé Pascal, montrant son révolver qui était encore chaud. François, alors, fit un signe de croix puis reprit le dialogue avec le voleur comme s'il ne s'était rien passé.

– Deux morts sur la conscience, dites-vous, c'est bien cela ? C'est ce que vous pensez ?

– Oui.

– Eh bien ce sera votre punition.

Ayant prononcé ces paroles, il indiqua aux policiers qu'ils pouvaient quitter la pièce. Ce qu'ils firent tandis que l'assassin lui répondit d'un ton vif :

– Et la vôtre ! J'ai bien vu que vous y trouviez du plaisir !

François qui s'apprêtait aussi à partir se retourna et dit simplement sans une once d'agacement, de justification ou de moralisme :

– Je suis juge cher Monsieur. J'essaie d'appliquer une loi qui ne nous est pas habituelle.

– Vous me laissez… Ici… Comme ça…

– Qu'est-ce que vous allez faire ? Profiter de mon départ ? Voler le reste de ces pauvres gens que vous avez tués ? Je ne crois pas. Je crois que vous ne volerez plus et que vous ne tuerez plus. C'est tout ce qui m'intéresse. Je me trompe ?

– Je ne sais pas

– Vous avez compris, non ? Que cela vous serve de leçon. Vous ne pourrez plus ni tuer ni voler. Hein, qu'est-ce que vous allez faire ? Plus de mal en tout cas. Sauf à mettre toute votre énergie à vous venger de celui qui a épargné votre vie.

– Pourquoi je ferais cela ?

– Parce que d'autres le font et le feront. Juge François Vincent. C'est mon nom. Vous savez où me trouver à la préfecture. À bientôt peut-être. D'ici là, dormez bien.

– Vous êtes un monstre.

– Je ne crois pas. Et s'il vous reste un peu de courage, accueillez les pompiers que j'ai appelés et dites-leur bien de respecter le cadavre. Eh oui, ce n'est pas toujours le cas ! Allez, respirez, ne faites pas cette tête-là. Ce n'est qu'un mauvais moment à passer. Bonne journée. Et, surtout, essayez d'être en accord avec ce que vous venez de faire. Sinon, ajouta-t-il en coup de pied de l'âne, vous ne dormirez plus jamais !

Et il sortit, laissant l'homme interloqué devant le cadavre recouvert de sa victime.

IV

Les jours et les jours se suivirent et François Vincent, aidé d'un millier d'autres juges choisis avec soin par Quatremer comme des hommes d'une grande probité, continua son œuvre de justicier. Les prisons se vidèrent, les exécutions continuèrent. La population, après un temps de sidération, était à la fois soulagée que les vols, les meurtres et autres assassinats aient pratiquement disparu des villes et des campagnes, et inquiète, et même bien souvent apeurée, de décisions qu'évidemment elle avait du mal à accepter. Mais comme la vie quotidienne était assurée, la paix solide et que chacun mangeait à sa faim…

Mais, quoi que fasse le juge et, malheureusement, quoi qu'il eût pu faire, restaient la stupidité, la médiocrité, la petitesse, la jalousie, le goût de l'argent… L'être humain en quelque sorte restait l'être humain…

Vint alors le moment où, dans le bureau de Jean Quatremer, François dut faire avec lui le bilan de ces derniers mois.

C'est le matin, Quatremer fume déjà. François sirote un cognac, apparemment serein. L'atmosphère paraît détendue et les questions se succèdent.

– Alors, où en est-on exactement ?

– Les prisons sont vidées. Et il y a eu quelques centaines d'exécutions. J'ai dû, par exemple, comme je le pressentais, faire fusiller presque tous les amis de ce Barlier qui avait voulu ta mort. À deux exceptions près, ils ont recommencé leurs crimes crapuleux. Et je ne me fais guère d'illusions pour ces deux qui restent…

– Et Barlier ?

– Il se tient tranquille pour l'instant sauf que je suis bien certain qu'un jour il voudra se venger.

– Fais confiance. Même ce qu'il y a de meilleur est toujours possible.

Quatremer est resplendissant d'optimisme. La France, économiquement et socialement, ne s'est jamais si bien portée, d'autant que Quatremer, en politique extérieure, avait aidé à régler bien des conflits. Même à l'étranger, il était adulé. Et la conversation fuse. Le tyran demande les noms, s'intéresse aux familles des fusillés, suggère des idées pour les aider, félicite François pour son courage, s'enflamme, s'enthousiasme… Il a, c'est vrai, de quoi être heureux : plus un misérable dans les rues, des prisons vides, du travail pour tous, un retour à la spiritualité, au christianisme qui est sa religion de cœur, à la beauté, à la culture, à l'intelligence. Oui, Quatremer a vraiment le sentiment d'avoir réussi.

– Et toi, avec tout cela, comment te sens-tu ?

– Bien, lui répond le juge, tout en fuyant un peu le regard de son ami.

– Bien ?

– Oui.

– Les exécutions vont forcément diminuer.

– Sans doute.

– Sans doute ? Tu n'en es pas convaincu ?

Comment, avec le temps, en aurait-il été convaincu ? Lui, qui était chaque jour sur le terrain et qui était de plus en plus écœuré de ce qu'il voyait de la nature humaine.

– François, nous savions, continua Quatremer qui le perçait évidemment à jour. Nous savions ce que nous faisions. En aucun cas, nous ne pouvons être surpris. Il nous faut assumer nos actes et notre péché.

– Mais l'homme aime à se vautrer dedans ! répondit le pauvre juge sans plus rien cacher d'une forme de désespoir. On dirait parfois qu'il s'y régénère. Et puis il y aura toujours ceux qui aiment faire le mal pour le mal. Toi, qui crois à Satan, réponds-moi : est-ce que l'on peut annihiler le diable ?

Drôle de question. Une question à laquelle Quatremer ne s'attendait certes pas. Il réfléchit un moment.

– J'en ai connu un autrefois. Il combattait de notre côté. Je n'étais pas encore le chef de l'armée. Il était protégé. Je n'ai rien pu faire pour arrêter ses monstruosités. Tout le monde fermait les yeux parce qu'il était courageux et très utile à notre cause.

– Qu'est-ce qu'il est devenu ?

– Je ne sais pas. Mais il faudrait le retrouver.

– Son nom ?

– Je ne sais plus. Un nom d'arbre.

– Chêne ?

Quatremer sourit. Et se rappela.

– Il ne faut pas rêver ! Bouleau, ça suffira. Mais c'était sans doute un pseudonyme. Patrick Bouleau. Ça sonne trop bien pour un tortionnaire.

François, à son tour, s'efforça de sourire et lui dit d'un ton qui aurait pu alerter encore davantage Quatremer sur la dégradation de son état intérieur que si ce Bouleau était bien le diable dont il parlait, il serait heureux de s'en occuper personnellement, de le retrouver pour lui parler et, en quelque sorte, le convertir. Que cela le changerait de toute l'affreuse médiocrité de ces gens qu'il côtoie chaque jour. De tous ces hommes et de toutes ces femmes qui croient exister alors qu'ils gâchent leur existence et qui ne méritent pas d'avoir été mis sur la terre, alors que tant d'autres, qui le méritaient, en avaient été effacés par la guerre. Qui renoncent. Qui ne savent ni pourquoi ils vivent ni ce qu'ils pourraient apporter au monde. Il poursuivit en disant que si, par miracle, il arrivait à le retrouver, il espérait enfin avoir un interlocuteur, un visage, un ennemi…

– Que faire, Jean, continua-t-il, devant le vide de ces vies ? J'en fais exécuter un, deux, trois, mais il en reste dix, vingt, cent... Comment, dis-moi, peut-on être aussi peu respectueux de son existence ?

– C'est un grand mystère.

– Quand je sens qu'il y a tout de même une petite lueur en eux, un vague signe qui pourrait générer une étincelle d'espérance, je les laisse vivre si on peut dire, sinon il ne resterait plus grand monde. Mais ça fait peur. Tu connais ce vers de Racine : "Le bonheur des méchants comme un torrent s'écoule." On en est là. Sauf qu'il n'y a guère de torrent !

Surtout de la médiocrité. Comment peut-on exister ainsi ? Comment peut-on avoir si peu d'ambition pour soi et pour le monde ? Tous me prennent pour un monstre mais ils ne savent pas à quel point je suis attentif à cette moindre lueur d'espérance.

– Tu as fait un travail magnifique. Mais François, je te le dis encore une fois : il ne faut jamais désespérer de l'homme.

– Mais il y a cette peur. Cette peur qui les paralyse.

– J'ai confiance. Tu sauras te retrouver entre leur peur et le vide.

– Je peux me tromper.

– C'est le prix à payer. Je te le répète : nous le savions depuis le début.

– Le travail est infini. Qu'est-ce qu'on peut faire ?

– Une vie, ça se mérite. À chaque exécution, tu le leur rappelles.

– Oui, sans doute, peut-être, lui répondit encore François, guère convaincu non pas tant par cette affirmation mais par sa traduction sur le terrain.

Et il se lança dans un long discours, le genre de discours qui vaut autant pour celui qui parle que pour celui qui écoute. Il l'interrogea comme si le doute l'avait abattu, comme si, naïvement en fin de compte, il remettait en question toutes les idées de Quatremer.

– Comment, ajouta-t-il encore, arriver à ne pas mépriser les hommes, comment aussi, pour toi, pour nous, ne pas tomber dans le terrorisme, la dictature, la tyrannie, l'injustice ?

– C'est affaire de conscience, répondit prudemment mais fermement Quatremer.

– Tu dis qu'il y aura de moins en moins d'exécutions. Si nous sommes vraiment habités par ce que nous devons faire, je crains au contraire qu'il y en ait de plus en plus.

– C'est à toi de juger. Tu es fatigué ?

– Non.

Il lui avait posé la question comme une évidence et François avait répondu plus rapidement qu'il eut été normal. Quatremer perçut alors non point le simple découragement mais l'immense fatigue de son ami.

– Régénère-toi. Il y a des gens merveilleux sur cette terre, il faut les trouver, les aider à être encore davantage ce qu'ils sont. Aide le bien comme tu combats le mal.

– Si seulement le mal était vraiment intéressant. Mais le mal est banal, dérisoire, répétitif, naïf.

– Trouve cet homme : Bouleau.

– Qu'est-ce qu'il a fait pour t'avoir marqué ainsi ?

– Je l'ai vu rôtir des petits enfants et les manger.

– Rôtir ? s'exclama, interloqué, François. Et tu n'as rien fait pour arrêter cela !

– Ils étaient morts. C'était trop tard. Avec bien du mal, j'ai quand même réussi à le faire casser de l'armée. Souviens-toi des combats, de la violence aveugle : nous avions d'autres priorités que de poursuivre les criminels de guerre de notre camp.

– Il est peut-être mort, lui aussi.

– Je ne sais pas. Cette guerre, on l'oublie trop vite aujourd'hui, a été terrible même si, d'une certaine façon, elle a été régénératrice. Chacun a survécu comme il a pu.

– S'il est vivant, je te le promets, je le retrouverai.

– N'en fais pas une priorité.

– Comment un homme, un être humain, peut-il faire rôtir des petits enfants et les manger ? J'espère, au moins, que c'était la faim qui le guidait.

– Oh non, répondit Quatremer, oh non, c'était le plaisir, la vengeance, le sadisme… Peut-être voulait-il marquer les esprits par un acte abominable ? Et puis, tu le sais bien, soupira-t-il encore : en matière d'horreur, l'homme a tout inventé. Et il faut qu'il essaye. Le gouffre de l'âme est abyssal quand le mal s'en saisit.

– Et ce qu'il y avait dans son âme était abyssal ?

– Il faisait peur, oui. Et à tout le monde.

– Je le trouverai !

V

Six mois plus tard, on retrouve François à Marseille dans une cellule de la prison des Baumettes. L'homme qui est assis et qu'on venait d'enfermer est bien ce Patrick Bouleau qui avait si fort marqué Quatremer. Il se cachait à Nice dans une vieille maison et, visiblement, avait été dénoncé par une ancienne victime qu'il avait malencontreusement laissée en vie mais à qui savamment il avait arraché tous les doigts de la main droite. La police avait encerclé la maison, s'attendant à une défense acharnée mais, contre toute attente, et d'une manière, au bout du compte, assez surprenante, l'homme s'était rendu sans combattre. Il avait même semblé étrangement content comme si tout ceci n'était qu'une bonne farce. On avait immédiatement averti le juge Vincent et rouvert, pour l'occasion, la prison marseillaise.

Cinq gardiens et deux policiers s'occupaient spécialement de lui dans cette prison désertée de ses autres occupants.

François venait d'entrer et avait congédié les gardiens malgré leurs protestations de prudence. Bouleau, jouant les indifférents, était en train de lire un livre qui semblait être de la poésie ; et, peut-être agacé par cette attitude, en tout cas sans pouvoir davantage résister à une petite perfidie, François lui avait demandé si ce n'était pas, par hasard, *Les Fleurs du mal* qu'il lisait. L'homme avait souri et montré *La Princesse de Clèves*…

– Je l'ai lu, avait dit François, c'est effectivement un très beau livre.

– On m'a prévenu de votre visite. Comment va Jean Quatremer ? avait alors demandé Patrick Bouleau sans bouger de son lit et comme pour entrer immédiatement dans le vif du sujet.

– Mais… Très bien.

– Un garçon sensible.

– On peut le dire comme cela.

– Il paraît que je suis le seul hôte de vos prisons, c'est me faire bien de l'honneur.

– Ça vous plaît ce que vous lisez ? avait à son tour glissé François en tentant d'ébaucher un semblant de complicité.

Amusé, Bouleau avait répondu :

– Vous avez raison, oui, un très beau livre plein d'enseignements. Tout plein de vertu. Que me vaut le plaisir ?

Et, tout en se redressant sur son lit, il avait posé le roman de Madame de La Fayette et avait ajouté :

– J'imagine, surtout, que c'est un plaisir pour vous. Alors videz votre sac, que me voulez-vous ?

– Vous connaissez la loi ? avait interrogé François sans se décontenancer.

– Apparemment, vous faites des exceptions à cette loi.

– Il n'y a pas de règles sans exceptions.

Mais c'était dit un peu machinalement, sans conviction.

– Sauf que vous allez rattraper cela n'est-ce pas ?

– Je suis votre juge, en effet.

– Et que me vaut l'ire de votre justice ?

– Il me semble que vous le savez très bien.

– C'est notre ami Quatremer qui n'a toujours pas digéré le bon repas que j'avais fait ?

François, certes, s'attendait au pire mais il fut quand même cueilli par la question. Difficile pour lui, alors, de ne pas rentrer dans le cœur du sujet.

– Comment pouvez-vous justifier de telles horreurs ?

– Je suis un gastronome et j'avais faim. Il me fallait bien accompagner un petit Petrus que j'avais dégoté au fond d'une cave. C'était la guerre, je vous rappelle. Vous ne l'avez peut-être pas faite ?

– Malheureusement si.

– Tout est dans la cuisson. Bien sûr, vous n'avez jamais goûté à ce genre de plat. Vous savez que c'est un mets des plus raffinés. Comment vous dirai-je pour vous faire saliver ? Le goût, c'est un mélange de cochon de lait et de chat. Je vous assure, c'est délicieux. Je les ai faits à la broche et j'ai mouillé avec du beurre mélangé à du thym. Aux petits oignons comme on dit. Vous ne vous étonnez pas que j'aie trouvé du beurre ?

– Je suis impressionné.

– Par mes connaissances gastronomiques ? Vous pouvez. Donc, vous venez pour appliquer votre méchante loi.

– Pourquoi méchante ? Rien n'est décidé. Avez-vous laissé le choix à ces enfants quand vous les avez égorgés et rôtis ?

C'était franchement un peu naïf de revenir ainsi sur cette grotesque et cynique provocation et, surtout, de poser une telle question ; mais, en bon chrétien qu'il se croyait encore, il n'avait pas pu s'en empêcher. Bouleau aurait pu relever la chose avec ironie et l'inonder de sarcasmes mais il lui répondit très sérieusement :

– C'étaient des ennemis.

– Des enfants ?

– Tous les enfants de nos ennemis sont des ennemis. Et pire encore. Puisqu'ils vont grandir et se venger. Votre Quatremer pourrait avoir – si j'ose dire – la reconnaissance du ventre. C'est bien grâce à des gens comme moi qu'il a gagné la guerre. Demandez-lui pourquoi je n'ai pas été fusillé sur-le-champ. Il fallait bien que celui à qui on confie les basses besognes ait quelques petites récompenses gastronomiques ? Vous ne trouvez pas ?

– Vous êtes amusant.

– N'est-ce pas ?

– Sachez-le : votre cynisme me déplaît.

– Oh, oh ! Un euphémisme ! Qu'est-ce que j'en ai à faire de vous plaire ou de vous déplaire ? Accomplissez votre besogne puisque vous êtes venu pour cela.

– J'essaye de comprendre qui vous êtes.

– “Vaste programme”, comme disait un de nos grands anciens. Vous voyez, continua le monstre qui s’amusait toujours, je m’inscris dans l’histoire de notre beau pays…

– Que vous salissez !

– De mon sang, oui, merci de me le rappeler.

– Et de celui de ces enfants.

– Pas seulement, Monsieur le juge, pas seulement, vous pouvez me croire.

– Oh je vous crois volontiers. Vous avez éprouvé quelque chose quand vous avez égorgé ces pauvres petits ?

Bouleau éclata de rire :

– Autant que le boucher qui égorge de jeunes agneaux pour fêter la montée au ciel de notre Seigneur. Pauvres petits ! Eh bien vous y allez fort quand vous parlez de ces futurs assassins que j’ai effacés de notre planète. À propos d’assassins : votre Quatremer ne vous a pas raconté qu’il me doit la vie ? Non ? C’est un petit cachottier.

– Eh bien racontez ! fit François comme si de rien n’était.

– Ça vous intéresse… J’aurais la vie sauve bien sûr en échange ?…

– Vous avez tellement peur de mourir ?

– À votre avis ?

– Le ciel est vide. C’est cela ?

– Oh, oh, Monsieur le juge devient psychologue…

– Quatremer m’a parlé de vous.

– Eh bien voilà ! Pourquoi ne le disiez-vous ?

– Déplaisante vie ?

– N'est-ce pas ? Certes, je n'ai pas particulièrement à en être fier. Mais j'ai bien vécu.

– À vous dégoûter ?

– N'exagérez pas. Comme je vous l'ai dit, il y a de petits accommodements. Et pas seulement parce que je suis un gourmet ! Et puis, je vous le répète, sans le sacrifice de gens comme moi vous ne seriez pas là.

– Est-ce si sûr ?

– Vous avez les mains propres vous ?

Et il fit un geste de parfaite vulgarité.

– Non. Mais je n'ai jamais rôti d'enfants pour les manger.

– Parce que vous n'avez pas la fibre gastronomique ?

– C'est un peu facile comme réponse, lui rétorqua François croyant sentir enfin qu'il pouvait prendre le dessus dans la conversation.

– On fait ce qu'on peut.

– Vous aimez torturer ? Voir mourir ?

– Monsieur le Juge s'intéresse… Oui, il y a dans le spectacle de la souffrance extrême quelque chose de métaphysique. Vous voulez essayer sur moi ?

Et il fit comme une grimace de douleur intense.

– Je n'ai pas ce genre de tentation.

– Vous avez tort. C'est un peu comme si on percevait le mystère du Christ sur la croix. Vous aimez ces comparaisons, hein ?

– Vous ne me faites pas rire.

– Mais vous non plus. Et moi je n'ai plus guère de temps à perdre, sinon à m'amuser. Et à m'instruire, bien sûr, avant le grand saut. Qu'est-ce que vous cherchez ? Finissez-en. À tester les limites de ce que vous pouvez supporter ?

– Quatremer m'avait prévenu.

– Je le fascine, je sais. Demandez-lui si ça le fait vraiment jouir d'être devenu le tyran de son pays.

– Tyran juste.

– Tyran juste, pardon ! Qui a inventé une nouvelle justice. Et tellement juste qu'il ne veut pas me l'appliquer.

– Vous pensez qu'on devrait vous remettre en liberté ?

Et, sûr de son habileté, il le regarda droit dans les yeux.

– Ah, ah, grande question ! De mon point de vue, non. Mais du vôtre, oui. J'ai cru comprendre que vous essayez d'éliminer de cette terre tous ceux qui ne méritent pas d'y vivre. Je suis navré pour vous mais il est difficile de penser – sans être malhonnête – que je n'ai pas fait de ma vie un chef-d'œuvre. Vous n'êtes pas malhonnête, n'est-ce pas ? Vous imaginez bien que ce petit repas gastronomique que votre maître me reproche n'est qu'un infime détail dans le champ inépuisable de ce que j'ai été capable de faire.

– Détail ?

– Détail, oui. Vous voulez une liste plus complète ?

– Merci, non.

– Vous faites confiance, c'est bien. Mais vous ne répondez pas à la petite aporie qui s'est glissée dans votre raisonnement.

– Aporie ?

– Vous allez répéter comme ça tous mes mots. Mais peut-être ne savez-vous pas ce que cela signifie ?

– Je vous remercie.

– À moins que cela vous donne le temps de réfléchir ?

– Je n'ai pris encore aucune décision.

– Il n'y a pas d'alternative n'est-ce pas ? La liberté ou la mort. Donc, vous êtes coincé par vous-même et vous allez me libérer.

– Rien n'est moins sûr.

– Pourquoi ? Ne suis-je pas un être passionnant ?

– Sans doute, oui.

– Honnête, le juge ! Quatremer a bien choisi. C'est la première qualité de la fonction.

– Honnêteté n'est pas vérité.

La réplique était, certes, des plus banales, un véritable enfoncement de portes ouvertes, mais Bouleau, une fois de plus, fit comme si de rien n'était.

– Vous préférez la vérité ? Je vous souhaite bien du courage. Demandez à l'ami Quatremer qui, je le sais, traficote encore avec la curetaille : n'est-ce pas un absolu dangereux remis à sa place, je crois me souvenir, par la venue du Fils de l'homme ? Cela vous interroge, non ? Mais peut-être, comme moi, ne croyez-vous pas au Fils de l'homme, terme, je vous l'accorde, très ambigu ?

– Vous savez ce qu’a fait Alexandre devant le nœud Gordien ? le coupa François pour ne pas s’enliser dans une controverse inutile.

– Oui.

– À chaque seconde je peux faire la même chose avec vous.

– Mais vous vous priveriez ainsi de ma conversation.

– Qu’est-ce que vous pouvez apporter au monde ?

– Ah c’est vrai, c’est votre dada ! Au monde, je ne sais pas. Mais, vous, je vous enchante.

– Vraiment ?

– Je suis votre punition.

– Rien que cela. Donc, vous n’apportez rien au monde mais tout à moi, ricana François.

– Et à Quatremer. Mais peut-être que Quatremer est le monde. Un tyran juste, un despote éclairé, pensez donc… Comme dit l’oncle Vania de Tchekhov : “Éclairé de quoi on se le demande. Éclairé d’une lumière qui n’éclaire rien.” Vous ne parlez pas beaucoup.

– Je vous écoute.

– Et vous me regardez, c’est cela, dans les yeux, pour tenter d’apercevoir le fond de mon âme très noire ?

– Il peut m’arriver de me tromper, oui, bien sûr.

– Mais pas avec moi. Vous y voyez brûler toutes les forces de l’enfer, ce doit être jouissif. Le mal par procuration, quel luxe !

– Ils sont peu nombreux les hommes de bien qui hésiteraient à vous effacer de la surface de la terre, répondit le juge avec amertume et dégoût. Votre cas n'est plus du ressort de l'humain.

– Laissez Dieu faire alors puisque vous y croyez. Un peu plus, un peu moins d'horreurs, qu'est-ce que cela signifie pour lui qui est un spécialiste. Et pour nous finalement.

– En fait, vous avez peur de mourir.

– Peur est un grand mot, répliqua Bouleau en souriant toujours. C'est une curiosité comme une autre. Mais si je peux profiter encore des petits bonheurs que me procure la vie, je ne dis pas non. Vous voyez je ne suis pas le gourmand que vous pensez, mais une humble créature. Alors que décidez-vous ? Vos sbires attendent. Ces gens-là ont sûrement une famille. Ils ne sont pas seuls au monde comme l'incorruptible juge du bien ni comme le monstre Patrick Bouleau. Vous voyez j'ai enquêté sur vous et sur votre désert sentimental. Ça vous étonne ? Une petite femme, quelques enfants bien jolis que j'aurais pu faire enlever – notez bien que je n'ai pas dit manger ! –, c'eût été une bonne assurance... Eh oui, je m'étais dit qu'il pourrait être prudent d'avoir de gentils otages pour dialoguer avec vous le jour où vous m'arrêteriez. Petite faiblesse que vous me pardonnerez. Enfin j'espère ! Mais voilà : rien ! Rien de rien ! Monsieur le juge vivait tout seul comme un pauvre hère. Tout seul avec sa peine d'avoir perdu sa famille. Comment ils ont été tués déjà ?

– Vous êtes un salaud en plus.

– En plus de quoi ? D'être un salaud. Vous faites dans la tautologie Monsieur le juge ? C'est difficile, hein, d'être honnête, incorruptible, cohérent, intelligent, juste et dénué surtout de tout esprit de vengeance. Je vois pourtant dans vos yeux que vous aimeriez me tuer.

– Vous êtes très perspicace.

– Oui, mais tout cela, c'est pas bon ! Pour votre justice s'entend. Car pour le reste je vous comprends. Monsieur Quatremer vous a mis dans de beaux draps. Vous préférez peut-être que je me suicide ?

– Mais faites donc.

– Une euthanasie assistée. Très assistée ?

– Vous vous surpassez.

– N'est-ce pas ?

– Je vais être franc, répliqua François sans plus cacher son aversion. Je pense qu'il serait vraiment dommage qu'un spécimen comme vous ne soit pas montré à nos concitoyens comme un cas d'école.

– D'un autre côté, je pourrais faire des émules… Que feront certains de nos chers concitoyens quand ils verront que le crime peut protéger de la sentence de mort ? Et puis, il faudrait me maintenir en prison.

– On peut construire un zoo.

– Oh quelle bonne idée ! Pourquoi pas un hôpital psychiatrique, ça s'est beaucoup fait dans les temps anciens.

– Les visites y seraient obligatoires et on pourrait vous jeter des cacahuètes.

– C'est à votre tour de vous surpasser, Monsieur le juge. Mais je vois bien que vous êtes décidé à me laisser la vie sauve. Non par bonté d'âme mais pour ne pas vous trouver dans une abominable contradiction. L'idée serait donc de faire un musée vivant avec toutes les grandes intelligences criminelles de la planète. C'est bien, je recevrai de la visite. Et je serai en compagnie. Les intelligences du bien et du mal dialogueront et tenteront de se comprendre, quelle merveille ! Vous allez soumettre ce projet à Monsieur Quatremer ? J'ai une bien meilleure idée.

– Laquelle ?

Il avait répondu vite mais l'œil de Bouleau s'était éclairé d'une lueur étrange et François sentit qu'ils étaient passés là à autre chose.

– Ne soyez pas si pressé, Monsieur le juge. Connaissez-vous vraiment bien notre cher despote éclairé ? Je veux dire sa vie privée.

– Où voulez-vous en venir? demanda François prudemment.

Et, de fait, il commençait à s'inquiéter sérieusement.

– Le cher homme n'a pas toujours été cette merveille des merveilles à la tête de l'État.

– Et alors ?

– Rien.

– Si ce n'est "rien", pourquoi en parler ?

– Il y a des "riens" qui sont beaucoup.

– Mais encore ?

– Rien.

– Vous vous amusez tout seul, Monsieur Bouleau.

– N'est-ce pas ?

– Alors videz votre sac ou taisez-vous.

– Me taire ? Vraiment. Vous êtes intrigué. Avouez ? La vie de Monsieur votre dictateur ne vous intéresse pas ?

– Toutes les vies m'intéressent, Monsieur Bouleau. Sinon je n'aurais pas accepté cette fonction.

– Alors vous voulez en savoir plus. Mais peut-être que vos services secrets sont au courant.

– Au courant de quoi ? Qu'est-ce que vous cherchez à faire ?

– À faire ou à dire ? Rien.

– Eh bien, c'est parfait. Je vais relater à Jean Quatremer notre conversation et je reviens vous voir pour la sentence.

Et il se leva faussement déterminé comme s'il voulait sortir.

– Vous partez ? Et sans rien décider ? Ce n'est pas, il me semble, dans les habitudes…

– Non, répondit François, le coupant, avec une honnêteté, disons, calculée.

– Ce serait dommage de ne pas donner à notre cher Quatremer tous les éléments pour nourrir sa réflexion, n'est-ce pas Monsieur le juge ?

– Je vous écoute.

– Vous ne perdez pas votre calme, c'est bien. Juste une petite irritation bien compréhensible.

– Si vous avez quelque chose à dire dites-le, sinon je m'en vais.

– Ah ! Là, vous vous énervez.

– Arrêtez de jouer au plus fin et accouchez.

– Accoucher vraiment ? Bien… Bien… Je rougirai de vous laisser languir davantage. Votre femme est morte depuis longtemps, Monsieur Vincent ; et vous vivez depuis comme un moine. C'est beau ! Tout le monde ne peut pas en dire autant.

– Si vous voulez insinuer que Jean Quatremer a des maîtresses, ça le regarde.

– Plus que des maîtresses. Mieux.

– Mais encore ?

– Une fille. Une ravissante créature de fille. Douce et intelligente.

– Et alors ?

– Vous n'étiez pas au courant ?

– Non.

– C'est bien normal.

– Pourquoi ? Parce qu'il la cache.

– Non. Pas exactement.

– Expliquez-vous.

– Décidément je vous intrigue, répliqua le monstre, malicieusement.

– Il me suffit de lui poser la question.

– Il ne vous répondra pas.

– Pourquoi ?

– C'est bien tout le mystère. Parce qu'il ne peut pas vous répondre.

– Vous voulez dire qu'il ne sait pas qu'il a une fille.

– Exactement. Mais moi je le sais.

– La recherche en paternité est une chose extrêmement compliquée.

– Plus de nos jours, Monsieur Vincent, plus de nos jours. Et vous le savez parfaitement. Bien sûr, vous pouvez le laisser dans l'ignorance et faire comme si de rien n'était, mais il y a un tout petit inconvénient. Vous ne me demandez pas lequel ?

– Vous allez évidemment me faire le plaisir de me le révéler.

– Exactement ! Encore exactement ! Un tout petit inconvénient et je vais me faire un plaisir de vous le révéler.

– Eh bien je vous écoute.

Mais il avait bien du mal à rester serein.

– Qu'est-ce que cela vous ferait à vous de savoir que vous avez une fille ? murmura le monstre. Qu'elle est belle, douce, charmante, intelligente ?... Et qu'elle est enfermée, nue, dans une cave qui appartient à un affreux tortionnaire comme moi... Vous pouvez effectivement garder cela pour vous. Mais quel poids pour la conscience, hein ?

– Il faudrait avoir des preuves, lui répliqua François, après néanmoins quelques secondes de trop.

– Pas la moindre émotion apparente. Quel professionnalisme !

– Quelles preuves avez-vous de ce que vous avancez ?

– Sur quoi porte votre question ? Sur la jeune fille nue enfermée dans ma cave, les bras et les jambes écartés et enchaînée, ou alors sur le fait que c'est bien la fille de notre cher tyran ?

– Les deux, répondit François avec la même fausse tranquillité.

– Les deux ? Rien que cela ?

– Personne ne doute que vous soyez une abomination, Monsieur Bouleau.

– Mais qui vous pose un petit problème éthique exemplaire... Vous allez bien être obligé de me faire torturer si vous voulez que j'avoue où est cachée cette charmante mignonne ? Ce que nos ennemis n'étaient pas arrivés à faire, vous, vous allez le réaliser. Bravo ! C'était mon rêve. Je vais tester enfin ma capacité de résistance ! Sauf que je peux aussi la libérer en échange de ma liberté. Je vous fais amplement confiance, votre parole suffira. Ôtez-moi d'un doute : vous n'êtes pas du genre à vous mettre au niveau de l'abaissement moral d'une pauvre créature telle que moi.

– Vous bluffez, dit le pauvre juge d'une voix qu'il voulait forte.

– Vous savez bien que non. Mais tout est possible en ce bas monde avec des individus aussi pervers. Petit détail encore : il ne reste plus beaucoup de temps. Je ne lui ai pas donné à manger depuis que vous m'avez arrêté. Vous voyez : c'est de votre faute.

– Donnez-moi une preuve.

– Catherine Maréchal. Il comprendra.

– Rien d'autre ?

– Il comprendra je vous dis, répéta Bouleau en souriant toujours davantage. Je parle de Monsieur Quatremer, bien sûr.

– Je ne vous crois pas.

– Qu'est-ce que vous ne croyez pas encore ? Que la maman s'appelle Catherine Maréchal ? Ou bien que je tiens la mignonne enfermée dans une cave ? En tout état de cause, ce serait dommage. Mais, comme on dit, à vous de voir ! N'oubliez pas que j'aime voir souffrir. Ça me régénère, vous comprenez.

François le regarda, et son envie de tuer était palpable. Il y eut ainsi quelques secondes de silence où ils se jaugèrent. La tension était à son comble que rompit soudainement Bouleau en s'allongeant sur le lit et en s'emparant de *La Princesse de Clèves*. "Un petit conseil, claironna-t-il en se couchant : dépêchez-vous ! La petite est d'une constitution fragile !" Et il s'enferma dans sa lecture.

– Ça vous réjouit, hein ? J'imagine que je suis coincé et que je dois décidément faire le pari de croire à vos saloperies.

– Oh, Monsieur le juge !

– Très bien. Je reviens. Mais n'attendez pas grand-chose de Quatremer.

Bouleau sourit d'un air énigmatique. Vérité ? Mensonge ? Qui aurait pu dire ? Mais pourquoi un homme comme cela s'était-il laissé capturer ? Ce n'était pas le moment de se poser la question. Ayant dit ce qu'il avait dit, François contempla le monstre quelques secondes, impuissant mais évidemment pas dupe de cette fausse indifférence ; puis il frappa à la porte de la cellule pour qu'on lui ouvre. Bouleau s'amusait franchement tandis que le pauvre juge sortait, s'efforçant de ne plus même jeter un regard en arrière.

– Trois jours à mon avis, peut-être quatre ! Cria le monstre à la cantonade.

Puis il reprit la lecture de *La Princesse de Clèves*.

Et le silence se fit dans la prison.

VI

Quelques heures plus tard, rentré à Paris, le juge, fatigué, se retrouvait dans le bureau de Jean Quatremer. La conversation avait débuté mais, pour l'instant, le tyran qui se disait juste marchait de long en large sans parler. François respectait ce silence tout en sachant que le temps pressait. Il finit par murmurer :

– Il ne bluffe pas, j'en suis sûr.

Quatremer continua sa marche comme s'il n'avait pas entendu, réfléchissant toujours, puis répéta tout haut :

– Catherine Maréchal, dis-tu ? Catherine Maréchal... Tu es bien sûr de ce nom ?

– Il a vraiment dit que vous comprendriez.

– Je ne vois pas... J'ai connu beaucoup de femmes mais, quoiqu'il arrive, que ce soit ma fille ou pas ne change rien au problème.

– Bien sûr, répondit François un peu sceptique.

– Attends. Attends...

Et Quatremer cessa soudainement de marcher.

– Catherine Maréchal. Il a dit Maréchal ?

– Oui.

– C'est un surnom. Marie-Catherine Duval. Je l'appelais Maréchal à cause de son caractère. Elle a disparu un jour. Une fille ? Ça expliquerait... C'est bien possible. Si c'est le cas elle doit avoir... Vingt ans, oui, à quelque chose près. Ça ne devrait pas être difficile à vérifier même si c'était pendant la guerre. Elle était très belle, cette Maréchal. Avec un caractère, c'est vrai, incroyable.

– Qu'est-ce qu'on fait ? Qu'est-ce que tu décides pour cette fille ? Surtout si c'est ta fille. Si ce dont tu te souviens est vrai, il risque de la tuer...

– Tu ferais quoi, toi ?

Et, pour la première fois, François lut un flottement dans l'œil de son ami.

– Et toi qu'est-ce que tu veux faire ? Je te rappelle qu'il a affirmé qu'il lui restait trois jours à vivre.

– Qui peut répondre à une telle question. Je ne suis pas Dieu.

– Oui. Sans doute, susurra François, croyant faire de l'humour et détendre l'atmosphère.

Mais Quatremer ne souriait pas.

– Toutes les solutions sont mauvaises, dit-il, réfléchissant toujours. Il est malin. Avoir une fille, pour un homme comme moi, ce n'est pas seulement privé, c'est politique. Si je le libère pour la sauver...

Et il se remit à marcher, ne finissant pas sa phrase.

– Sauf une ? Et tu le sais très bien, rétorqua François.

Ce qui eut pour conséquence d'arrêter la marche de Quatremer...

– Je suis bouleversé à l'idée d'avoir une fille si c'est cela que tu veux entendre. Je n'ai pas d'enfant. Enfin j'en étais persuadé jusqu'à aujourd'hui. Mais peut-être ment-il ? Peut-être veut-il juste savoir comment je réagirais.

– Et comment réagis-tu ?

– Tu vois bien. Je suis coincé.

– Donc, je le libère ? En profita François.

– C'est cela ! Pour qu'il proclame dans tout le pays que j'ai cédé à mon intérêt personnel.

– Que l'amour paternel t'a guidé, oui. Qu'est-ce qu'il pourra faire contre cela ? Si tu le fais exécuter, non seulement ta fille mourra mais en plus le pays entier ne parlera que de cela. Tu peux être sûr qu'il a tout prévu. Tu seras pour tous celui qui a tué sa fille. Un monstre comme lui. Un sans-cœur...

– J'imagine que tu as mis tous les services de police en alerte, que toutes les granges de la campagne, toutes les caves et tous les greniers des villes où il a pu l'enfermer ont été ou seront fouillés.

– Une aiguille dans une botte de foin.

– Tu as bien réussi à l'arrêter.

– Je crois aujourd'hui comprendre pourquoi cela a été si facile.

– Qu'est-ce que tu veux dire ?

– Je ne sais pas. Ce n'est pas un homme à se laisser arrêter. Il n'a pas résisté.

– Alors c'est quoi d'après toi ? Un piège ? Une provocation ? Le mal qui voudrait donner une leçon au bien ?

– Quelque chose comme cela, oui.

Quatremer médita un instant cette réponse un peu vague puis, soudainement, il prit sa décision :

– Très bien, je t'écoute, fais comme tu penses : libère-le. Mais au moins ne perdons pas de temps. Que ma fille, si elle est ma fille, et qu'importe d'ailleurs qu'elle soit ma fille, souffre le moins longtemps possible.

– Sauf que…

– Sauf que quoi… ? Qu'elle n'existe pas ?

– Il risque de faire monter les enchères. C'est un homme qui n'a peur de rien. Et surtout pas de la mort. Un désespéré qui s'amuse. Crois-moi, Jean, ce peut être dévastateur pour ton image publique ; il peut aller jusqu'à exiger ta démission, ta déchéance même, que sais-je, ou quelque chose comme cela. Ça n'aura pas de cesse, tu le sais très bien. Avec le chantage, il n'y a pas de fin.

– Donc, on le tue et ma fille meurt.

– Donc, je lui dis que tu ne cèdes pas. Que tu es intransigeant, inflexible, inhumain. Et puis on agit comme lui : on triche, on ment. Jouons sur les sentiments : je lui dis que pour sauver ta fille, je veux faire ton bien, malgré toi et malgré tes convictions, que je vais le libérer sans ton accord. Ça marchera, à condition qu'il tienne sa parole bien sûr.

– Et s'il ne la tient pas ? lui rétorqua Quatremer de plus en plus énervé.

– Je le libère quand même et je le fais suivre discrètement. Je sais ce que tu penses, dit-il répondant à un geste agacé de son ami. Mais c'est la moins pire des solutions. On le retrouvera plus tard. Et cette fois on l'enfermera. En montrant à tous que la prison est pire que la mort.

– On serait dans la vengeance.

– Dans la justice. Et est-ce qu'on a le choix ? Si tu veux revoir ta fille…

– Mais est-ce ma fille ? Et existe-t-elle ? Toi, tu as l'air d'en être convaincu…

– Un pressentiment.

– Et puis peu importe. Fais ce que tu penses devoir faire. Moi, je vais prier.

– Tu vas prier ?

– Il n'y a plus rien à faire d'autre, non ? Du moins pour moi. J'ai été tellement stupide en te suggérant de remuer cette merde, tellement naïf…

– Que Dieu t'entende alors.

– Dieu, ami François, se mêle rarement des affaires des hommes. Mais, au moins, il peut apaiser mon cœur.

– Alors c'est que tu en as un ! Prie-le pour moi aussi, ce Dieu. J'en aurai besoin. Bon, je fais au plus vite. Rien d'autre ?

– Rien.

– Vraiment ? Tu es sûr. Il me semble…

Mais Quatremer n'était déjà plus avec lui. François attendit encore un court moment comme pour poursuivre le dialogue, puis sortit. Le tyran, un instant, se voyant seul, mit les mains sur son visage. Et, tout à coup, se gifla fortement. Enfin, comme apaisé, il se rendit à son bureau et se mit à écrire...

VII

Quelque temps après, François était de retour dans la cellule de Patrick Bouleau.

Il avait plu dehors toute la journée et le pauvre juge en était tout trempé. Bouleau, ironique, avait joué les compatissants mais, très vite, ils étaient entrés dans le vif du sujet.

– Il ne cède pas, avait affirmé François d'une voix qui se voulait définitive.

– Oh, oh… Comme c'est intéressant, avait répondu, malicieux, le prisonnier. Elle va être contente la petite créature née de sa chair quand elle va apprendre que son vilain papa la laisse crever dans d'atroces douleurs.

– Comment l'apprendrait-elle ?

– Ça, cher Monsieur, c'est mon secret. Alors qu'allez-vous faire de mon insigne personne ? M'exhiber en public ? Me torturer savamment ! Ou m'exécuter gentiment ?

– Ça vous intéresse ? lui avait jeté François, tentant de reprendre la main sur une conversation qui débutait bien mal pour lui.

– Oui, bien sûr. Je ne suis pas encore complètement détaché des biens de ce monde.

– De vous à moi, s'il avait cédé, auriez-vous tenu votre promesse ?

La manœuvre était des plus grossière, ce qui avait réjoui d'autant plus le sieur Bouleau.

– Oh, oh mais il y a encore un espoir, c'est cela ? avait-il alors rétorqué, sans plus cacher son ironie. Si c'est bien le cas, dépêchez-vous parce qu'elle n'est pas des plus heureuse la petite demoiselle…

– Vous l'auriez libérée, oui ou non ?

– Je note que vous ne mettez plus en doute mon affirmation de paternité. Et que "Maréchal nous voilà" a fait son petit effet.

– Je vous ai posé une question, avait insisté le juge.

– Ne vous ai-je pas donné ma parole ?

– Que vaut votre parole ?

– Rien.

– Rien ?

– Rien. De votre point de vue en tout cas.

– Et du vôtre ?

– Pas plus.

– Alors pourquoi la donner ?

– Justement si elle ne vaut rien…

– Arrêtez de jouer Monsieur Bouleau ! Il s'agit de la vie d'une jeune fille et de la vôtre.

– Oh la mienne… Et quant à la petite France… Visiblement elle ne vaut pas grand-chose puisque son père l'abandonne à son affreuse destinée. Vous saviez qu'elle s'appelait France ? La maman était dans le bon camp, avec le papa et moi, ne vous en déplaise. Elle a voulu sûrement honorer ainsi notre beau pays.

– C'est dommage.

– Qu'est-ce qui est dommage ? Tout de même pas qu'elle ait voulu honorer notre beau pays… ? s'amusa Bouleau, prenant néanmoins acte du changement de ton.

– Que je ne puisse pas vous faire confiance.

– Ah. Vous, vous avez sûrement quelque chose à me proposer. On voit tout de suite que vous avez le cœur tendre et que la mort de la petite France vous chatouillerait la conscience. Je me trompe ? Vous n'êtes pas comme son affreux papa. Attendez que je réfléchisse… Vous voulez faire un petit truc pour lui, c'est cela ? Pour lui et malgré lui.

– Comment puis-je avoir confiance en votre parole ?

– En me faisant confiance.

– Vous êtes amusant.

– Pas vraiment, à voir votre tête. Allez, dites la vérité : vous vous êtes mis d'accord, c'est ça ?

Et il souriait de plus en plus.

– Comment cela ? avait répondu trop vite le juge.

– Eh bien comme dans les films policiers : le méchant et le gentil. Et, bien sûr, vous êtes le gentil ?

– Et vous qui êtes-vous ?

– Le salaud. Allez, faites un effort, ça soulagera votre conscience : confessez-moi bien vite ce que vous avez sur le cœur.

– Oui ou non allez-vous la délivrer si je vous libère ? s'énerva François.

– Me libérer ? Oh, oh, là on est dans le dur !

– Répondez !

– Je vous ai dit que oui. La confiance, c'est votre problème, Monsieur le juge ! Et moi comment pourrais-je être sûr que vous n'allez pas me suivre, délivrer la donzelle et me remettre en cage. Ah. Il me faudra votre parole. Et moi, n'est-ce pas, je pourrai y croire sans difficulté puisque vous êtes bon et que je suis mauvais.

– Ceci n'a rien à voir avec la bonté.

– Désolé ! C'est bien vous qui essayez d'instituer – si j'ai bien compris – un gouvernement des justes. Des justes qui sont en train de laisser crever une jolie jeune fille qui avait toute la vie devant elle parce qu'ils sont incapables de faire confiance à un abominable salaud comme moi. Vous souriez ?

– Non.

– Je veux dire intérieurement.

– Très bien. Vous avez gagné. Je vais vous libérer et vous faire confiance.

– Et, bien sûr, qu'importe ce que Jean Quatremer dira…

– Qu'importe.

– Sans condition ?

– Sans condition, oui, en me fiant simplement à la parole que vous m'avez donnée. Celle d'un menteur, d'un voleur et d'un assassin.

– Voleur ? Vous y allez fort !

– Fort bien, je retire menteur mais je garde voleur et assassin.

– J'en suis touché, croyez-le. Tout cela est très bien, mais votre parole à vous, que je ne serai pas suivi, vous allez me la donner ?

– Je suis la seule personne qui peut vous protéger encore. Les autres vous auraient découpé, déchiré, rôti à petit feu comme vous l'avez fait avec ces enfants.

François avait pris un ton agressif (comme, c'est vrai, on est sincèrement agressif lorsqu'on veut noyer le poisson en jouant la comédie avec talent). Mais peut-être aussi, à force de jouer, y croyait-il lui-même ? Il fut en tout cas surpris quand, s'arrêtant soudainement de sourire, Bouleau lui répondit avec une étrange gravité :

– Vous ne vous êtes pas demandé pourquoi je les ai fait griller ainsi ces enfants ?

– Pour manger, vous me l'avez dit.

– Un homme comme votre serviteur, même en temps de guerre, a d'autres ressources gastronomiques, croyez-moi.

– Je ne comprends pas.

– Vous ne comprenez pas... ? Eh bien décidément...

Et il recommença à sourire... Bouleau, avec cette dernière phrase, savait qu'il mettait le juge dans un abîme de perplexité. Et, en effet, pour François, c'était réellement troublant : y aurait-il véritablement une raison sensée à cet acte barbare ? Il voulut reprendre la parole mais le monstre le devança et, prenant une petite voix de victime, lui dit avec une vraie fausse gentillesse :

– J'avais promis à leur père de faire rôtir ses enfants s'il ne délivrait pas un compagnon à nous qu'il avait capturé. Il aurait dû savoir que je tiens toujours ma parole pour cette sorte d'affaires là.

Et il ajouta très vite :

– Le compagnon en question était aussi une très jolie jeune femme... Peut-être la connaissiez-vous ? Un nom étrange... Oui, qui fait penser à l'armée... Ah, ma mémoire ! En tout cas vous l'auriez aimée. Sauf qu'ils l'ont joliment découpée en morceaux. Ce n'était pas bien beau à voir, croyez-moi.

– Vous mentez !

Mais François savait qu'il ne mentait pas.

– Tout se complique, hein ? Alors le monstre Bouleau ne serait pas seulement un monstre ? Mais un Zorro, un vengeur, un justicier. Avec bon appétit, je vous l'accorde... Réfléchissez : quelle différence alors y a-t-il entre amis et ennemis ? Entre un dépeceur de femme et un mangeur d'enfants. Entre vos amis et moi ? Et bientôt entre vous et moi quand je vous aurai totalement rendu fou et que vous me frapperez jusqu'à ce que j'en crève.

– Vous vous vengez c'est cela ? Vous vous vengez de Quatremer qui s'est cru supérieur à vous. Vous voyez, finalement, c'est rassurant. Vous rentrez aussi dans notre humanité. Vous n'êtes plus exceptionnel dans votre folie meurtrière.

– Bravo Monsieur Vincent. Belle analyse !

– Vous vous justifiez. C'est bien. Continuez.

– Vous voyez, nous faisons un pas l'un vers l'autre. Votre folie de justice et de pureté ne pouvait pas tenir longtemps.

– Très bien. Je vous libère, redit le juge.

Mais savait-il encore le pourquoi de sa décision ?

– Et c'est parole contre parole, ajouta-t-il. Confiance contre confiance. Vous serez dans la même incertitude que moi.

– Mais comme j'ai fait apparaître un soupçon d'humanité, s'amusa encore le criminel, peut-être ne suis-je plus si dangereux ?

– Puisque vous le dites.

– Tout renoncement a un prix, vous savez ?

– Je ne comprends pas.

– Vous ne comprenez pas grand-chose depuis quelque temps, Monsieur le juge. Je vous dis que tout renoncement a un prix. Je parle bien sûr de votre renoncement à vos principes.

– Qu'est-ce que vous cherchez à la fin ? Je ne suis même plus sûr que vous avez écartelé cette jeune fille ni même que vous la tenez prisonnière.

– Écartelée, vous y allez fort.

– C'est bien vous qui m'avez dit que vous la teniez dans votre cave avec les bras et les jambes écartés.

– Écarté et écartelé, ce n'est pas tout à fait pareil. Il ne s'agit pas non plus d'esquinter la marchandise.

– Je vais vous tuer, ce sera plus simple. Plus personne n'entendra parler de vous et j'effacerai tout de ma mémoire.

– Vous, peut-être quoique j'en doute; mais sûrement pas Quatremer.

– C'est ce qu'il voulait: que je vous tue.

– Vous continuez à mentir, s'amusa encore le criminel.

– Vous le saurez en enfer si le diable veut bien vous renseigner.

– Ne vous y trompez pas Monsieur Vincent, la fille de Jean Quatremer est bien enfermée dans ma cave et cela m'étonnerait qu'elle tienne la semaine si personne ne vient la délivrer. Alors tuez-moi. Qu'est-ce que vous attendez? C'est vrai, ce n'est jamais vous qui effectuez les basses besognes.

– Délivrez-la et vous vivrez.

– On revient au basique.

– Sauf que j'ai perdu patience. J'appelle et vous mourez.

– Appelez.

– Vous n'avez pas envie de mourir, j'en suis sûr maintenant.

– Je n'ai jamais dit que j'avais envie de mourir.

– Je ne vous comprends pas. N'êtes-vous pas arrivé à ce que vous vouliez? Le mal n'a-t-il pas donné une leçon au bien? Et le mal a gagné. A triomphé même! Vous devriez être content. Le monde ainsi retrouve sa normalité. Tout est dans l'ordre de la raison.

– Je ne suis pas mécontent, en effet.

– Alors laissez vivre cette jeune fille.

– Je n'ai aucune envie de la tuer, Monsieur François. J'ai connu sa maman qui était une femme remarquable. A-t-il demandé de ses nouvelles ?

– Mais…

– Pas de la fille. De la maman.

Et il souriait encore que c'en était indécent.

– J'avais compris.

– Vous ne répondez pas. Les despotes éclairés ne sont pas très éclairés sur l'amour. Ni très reconnaissants. Ni très généreux. Un vrai Staline notre Jean Quatremer.

– Vous étiez amoureux d'elle ?

– Oh là là, Monsieur Vincent, nous ne sommes pas dans un roman rose. Et pour votre gouverne, si vous ne l'aviez compris, la dame en question a été tuée et découpée par le papa dont j'ai grignoté les enfants. Il se vengeait le vilain d'une balle que je lui avais mis dans la jambe. Eh oui, vous vous souvenez, c'était la guerre… Ça s'oublie vite la guerre ! Surtout quand nous avons un despote éclairé qui prône le pardon. Drôle de pardon d'ailleurs ! Et remarquez bien que je ne dis pas qu'il l'a mangée. Dépecer et manger, ce n'est pas la même chose ! Tout le monde n'est pas aussi abominable que moi.

– Et le bébé ? parvient à dire François.

– C'était la guerre, Monsieur Vincent, je vous le répète. Je crois même que vous l'avez faite et que vous n'avez pas toujours été d'une grande douceur avec l'ennemi.

– Ni l'ennemi avec moi. Vous avez récupéré le bébé c'est cela, vous l'avez élevé et maintenant vous faites semblant de vouloir la tuer. C'est cela ?

– Quel roman décidément. Vous me prêtez du cœur maintenant. Quel revirement ! Je suis touché au plus profond de mon être.

– Vous êtes un salaud, ça c'est sûr.

– Sans doute, sans doute... Mais vous ne savez plus vraiment où me cataloguer. Le temps presse néanmoins. Si je l'ai adoptée évidemment... Mais peut-être aussi est-ce encore plus jouissif de faire crever sa propre enfant ? Ce doit être le point de vue de Monsieur Quatremer.

– Donc vous avez adopté cet enfant. L'enfant de Jean Quatremer ?

– Mystère, cher Monsieur, mystère. Mais le spectre reste assez large. Notez tout de même que notre tyran préféré n'a pas fait grand-chose pour sauver sa dulcinée des mains de ses ennemis. Ni l'enfant, bien sûr. Vous me direz : était-il au courant ?

Et il souriait de manière tellement indécente que quiconque l'aurait vu en aurait été scandalisé.

– Vous voyez, continua-t-il, vous pouvez d'autant plus alors vous réjouir à l'idée que je tiens... écartelée, oui c'est ça, écartelée, une jeune demoiselle que je n'ai élevée que dans l'idée de me venger de Jean Quatremer.

– Si c'est pour vous venger...

– Ah oui, bien sûr, si c'est pour me venger, dans votre nouvelle échelle de valeurs, cela ne mérite que le mépris et une exécution discrète...

– Puisque vous le dites.

– Vous êtes bien perdu Monsieur le juge. Vos belles certitudes se sont envolées... Qu'est-ce que vous décidez ?

Et il le regardait avec de plus en plus d'ironie.

– Je ne sais pas.

– Et décidément honnête avec cela.

– Je vais vous libérer.

– Cela fait bien deux fois que vous le dites. Mais vous avez raison. Une erreur judiciaire serait une terrible chose pour une conscience propre comme la vôtre.

– Épargnez-moi vos sarcasmes.

– Et, bien entendu, Monsieur Quatremer applaudira à la décision de son cher lieutenant…

– Vous êtes vraiment un drôle d'homme Monsieur Bouleau.

– C'est ce que mes amis disaient. Monsieur Jean Quatremer en particulier.

– Je croyais avoir rencontré le diable sur la terre et je ne rencontre qu'un de ses braves serviteurs.

– Oh ! Je vois que "lieutenant" ne vous a pas plu. Un gentil serviteur du mal et un naïf serviteur du bien. On fait la paire, non ?

– Cette femme a été votre maîtresse ?

– Vous êtes bien curieux.

– Et puis qu'importe… Je sais ce que je sais.

– Que savez-vous ?

– Que vous êtes – comment dire ? – dégoulinant d'humanité.

– Dégoulinant d'humanité ? Eh bien ! Comme Quatremer alors… Déçu ?

– Peut-être.

Mais il était comme vaincu.

– Évidemment, insista le monstre, être obligé de remettre en liberté une médiocre petite créature que l'on aurait normalement fait assassiner légalement, c'est un peu rageant.

– On va le dire comme ça, oui.

– Et ça ne vous donne pas envie de réfléchir ?

– Le moraliste change de camp, bravo !

– N'est-ce pas ? Alors ? Qu'est-ce que vous décidez ? Vous connaissez l'histoire de l'âne de Buridan... Si vous continuez à hésiter vous allez finir comme lui.

– Je vais vous libérer, vous le savez très bien.

– Je vous remercie.

– Mais avant je vais en informer Jean Quatremer.

– Et la petite demoiselle qui souffre...?

– Elle souffrira encore un peu. Elle doit avoir l'habitude, non, depuis le temps qu'elle est avec vous...

Et, rageur, avec sans doute l'idée, qu'avec ces derniers mots, il avait clos la discussion, il frappa à la porte de la cellule pour que les gardes lui ouvrent. Avait-il gagné ? Avait-il perdu ? Il n'en savait plus rien. Ce qui est sûr, en revanche, c'est que Bouleau s'amusait de plus en plus, d'autant que la porte ne s'ouvrait pas. Alors François se mit à crier, ce qui réjouit encore davantage le criminel. Enfin, on entendit des bruits de pas et ceux des clefs dans les deux serrures. La porte s'ouvrit et François sortit, agacé que l'inattention des gardiens lui ait fait perdre la face...

VIII

Quelques jours plus tard, dans une rue du troisième arrondissement de Paris, on retrouve Bouleau qui, la veille, avait donc fini par être libéré. Il marche la tête haute sans se retourner et sans même jeter un coup d'œil dans les vitrines ni, en se penchant, rattacher ses lacets, comme on le voit faire dans les films policiers. Sauf qu'un observateur attentif aurait pu sentir qu'il s'amusait sérieusement.

François, effectivement, le suit à bonne distance. Il est seul et ne fait rien pour se cacher. Arrivé au croisement du boulevard Sébastopol, on le voit qui s'affole tout à coup, ne trouvant plus trace du criminel. À peine a-t-il le temps de se mettre à courir, que l'autre l'accoste par-derrière, surgissant d'une porte cochère.

– Vous allez me suivre longtemps comme ça ?

Surpris, il se retourne et voit Bouleau dressé devant lui. L'homme joue les agacés et, de ce fait, n'a apparemment pas son sourire habituel.

– Puisque vous savez que l'on va vous suivre autant que ce soit par moi, lui dit le juge, heureux de ne pas l'avoir perdu.

– Vous croyez que je l'ai cachée dans ma maison. Allons, la fille d'un tyran mérite mieux que cela ! Vos sbires l'auraient trouvée depuis longtemps.

– Je ne vous comprends pas, répliqua François. Qu'est-ce que vous risquez ? Ne vous ai-je pas donné la parole de Quatremer. Et la mienne. Il ne vous arrivera rien, même si elle est morte.

Il avait répondu très vite sans tenir compte de la question du criminel.

– Elle n'est pas morte, Monsieur Vincent, mais pour qu'elle vive, il faut que vous disparaissiez.

Et Bouleau, tout en parlant, s'amusant évidemment de l'ambiguïté du mot "disparaître", avait fait un geste de fausse exaspération, en montrant le bout de la rue. L'atmosphère, néanmoins, était tendue.

– Même si vous avez menti sur tout, il ne vous arrivera rien, répéta François le plus calmement qu'il pouvait. Nous ne sommes plus votre juge.

– Mais êtes-vous le juge de vous-même ?

– Qu'est-ce que ça veut dire ?

– Vous me comprenez très bien.

– Si vous ne croyez pas à la parole donnée, sachez que nous, on y croit, s'agaça François en tentant de reprendre le cours de ce qu'il disait.

– Le tyran juste quelle rigolade ! Une pauvre créature humaine, oui.

– Exactement, oui.

– Je ne suis pas comme vous, Monsieur Vincent. Mais vous, dites-moi, êtes-vous vraiment comme vous pensez être ?

– Qu'est-ce que ça veut dire encore ?

– Je vous laisse le soin de deviner.

Mais François était bien décidé à ne pas se laisser entraîner, ne voulant surtout pas tomber dans le piège tendu.

– Alors, dit-il, c'est bien cela, vous allez laisser crever cette jeune fille ?

– C'est ce qui va arriver si vous continuez à me suivre.

– Je ferai ce que je dois faire.

– Comme moi ! Exactement comme moi, Monsieur le juge.

– Soyez-en sûr, si vous la laissez crever de faim et de soif, effectivement je penserai que vous n'êtes pas comme nous.

– Mon Dieu, quelle menace !

– N'est-ce pas ce que vous craignez le plus : être assimilé à Monsieur tout le monde ?

– Belle psychologie, Monsieur l'incorruptible, je ne sais pas où vous allez chercher ces provocations mais ça ne marche pas. Restons précis voulez-vous : je vous dis simplement que si vous me suivez encore, elle périra et dans d'atroces souffrances.

Et puis, ayant proclamé cela, il ne s'attarda pas et se remit à marcher d'un pas faussement décidé.

– Je vous suis ! lui cria François, tout en courant après lui.

Bouleau s'arrêta :

– Là, je ne vous comprends pas.

– C'est votre tour. Moi, je me comprends très bien.

– Qu'est-ce que vous voulez prouver ?

– Que vous êtes incapable de la laisser mourir.

– C'est donc cela ?

– Oui. Vous m'avez expliqué que je n'étais qu'une pauvre créature humaine qui doutait, capable comme vous de faire le mal ; et bien, moi, je veux vous prouver que vous êtes une même pauvre créature humaine capable de faire le bien.

– En prenant le risque de sa mort ?

– Oui.

– Intéressant.

– N'est-ce pas ? Mais peut-être m'avez-vous menti et est-elle tranquillement chez vous à vous attendre devant une tasse de thé et des petits gâteaux.

– Vos sbires ont fouillé chez moi de la cave au grenier, il n'y avait personne, vous le savez très bien.

– Ne soyez pas stupide, Monsieur Bouleau.

– Peut-être aussi n'existe-t-elle pas ou est-elle morte depuis longtemps. Je suis un assassin, n'oubliez pas et un menteur.

– Ce sont des possibilités, mais quelque chose me dit que ce n'est pas cela.

– Quelque chose ?

– Oui.

– Quoi ?

– Mon petit doigt. Disons que je vous sens… étrange.

– Étrange ? Répéta le monstre.

– Oui. Impatient, pas comme d'habitude si vous préférez, comme quelqu'un qui a quelque chose à faire d'urgent. Délivrer une jeune personne par exemple.

– Et pour cela, vraiment, vous prenez le risque qu'elle meure et qu'elle souffre davantage.

– Oui.

– Ce doit être bien important pour vous.

– Ça l'est.

– Vous voulez continuer à vous regarder dans une glace ?

– Je veux simplement savoir si je peux continuer à exercer mon métier. Vous voyez, je ne vous cache rien.

– Si je la laisse mourir vous avez échoué, c'est cela ?

– Oui.

– Alors on va attendre. Nous verrons combien de temps vous tiendrez.

– Nous verrons.

Et un long moment passa que Bouleau s'amusa, le premier, à rompre.

– Je vais être honnête avec vous Monsieur le juge : je n'ai jamais douté que vous me remettriez en liberté.

– Et donc… ?

– Rien. Réfléchissez, c'est tout.

– Elle existe bien. Et elle est attachée dans une cave ? C'est la vérité ou c'est ce que vous voulez me faire croire ?

– Si je ne viens pas la délivrer, elle meurt. Combien de fois faut-il que je vous le répète ?

– Donc, je vais devenir à mon tour un assassin ? susurra le juge en souriant.

– Exactement. Si vous persévérez.

– Eh bien, j'en prends le risque.

– Croyez-vous que je mente, Monsieur Vincent ? Je vous le répète encore : France est attachée dans une cave et si je ne viens pas la libérer dans les heures qui viennent, elle va mourir.

– J'ai bien compris. Vous l'aimez ? Nous n'en sommes plus là Monsieur Bouleau, vous pouvez me répondre. Vous l'aimez ?

– C'est ma fille.

– Et vous attachez votre fille dans une cave ? Je ne peux même plus m'en étonner. C'est votre fille parce que vous l'avez élevée mais c'est bien la fille de Quatremer ?

– Oui.

– Vous ne m'avez pas répondu : vous l'aimez ?

– Oui.

– Et qu'est-ce que vous lui avez dit quand vous l'avez enfermée ?

– Ça, Monsieur le juge, c'est un secret.

– Donc, vous mentez ?

– Ah, ah !

– Elle vous aurait fait confiance ? continua le pauvre juge complètement perdu. Je ne peux pas le croire. Je ne crois pas un mot de ce que vous dites.

– Tout dépend de vous. Vous savez, l'amour ! Un homme comme moi, Monsieur Vincent… Un homme comme moi ! Réfléchissez. Faire souffrir ce qu'on aime le plus. Franchement, qu'est-ce qu'il y aurait, qu'est-ce qu'il y a plutôt, de plus jouissif? Réfléchissez, Monsieur Vincent. Réfléchissez… Mettez-vous dans ma peau, pas dans la vôtre.

– Je ne vous crois pas. Je ne vous crois pas ! C'est de la provocation, c'est tout.

– C'est votre droit de penser cela. Mais à votre place…

– C'est absurde ! Tout cela est absurde ! Je ne crois pas que vous commettrez cette nouvelle horreur. Je ne vous quitterai pas Monsieur Bouleau, je veux vous voir la délivrer. Je veux pouvoir me dire que j'ai eu raison de vous libérer.

– Donc elle va mourir. Et vous en prenez le pari, bravo !

– Donc, elle va mourir. Cela vous apprendra à jouer, Monsieur Bouleau. Vous ne dites pas que je suis monstrueux ?

– Selon Jean Quatremer et ses grandes théories politiques et philosophiques, on ne fait pas mourir des êtres de cette qualité, n'est-il pas vrai ?

Il continuait à s'amuser secrètement tout en s'efforçant de garder le ton le plus sérieux, se délectant de la perdition du juge Vincent. Une ou deux fois, il s'était même essayé, pour mieux donner le change, à quelques petits gestes angoissés qui n'avaient évidemment pas échappé à François et qui avaient contribué un peu plus à sa confusion.

– C'est vous qui le dites, répondit néanmoins le pauvre juge, s'efforçant toujours à sourire. Je ne la connais pas, cette fille.

– Mais vous devenez cynique ! C'est la fille de Jean Quatremer. Un gage de mérite et de grande valeur, non ?

– Montrez-la moi.

– Vous ne céderez pas ?

– Non.

– Elle va mourir.

– Qu'elle meure !

– Dans d'atroces souffrances.

– Dans d'atroces souffrances. Il ne fallait pas l'enfermer.

Et il souriait encore davantage pour l'impressionner, à la limite de ce qu'un comédien peut faire quand il commence à jouer faux. D'autant plus qu'il était quasi certain maintenant que l'autre ne bluffait pas, que la fille existait bien et qu'elle était enfermée dans une cave.

– Vous en faites une affaire de principe, riposta Bouleau en continuant à jouer subtilement son incompréhensible jeu, c'est ridicule.

– De principe ? Eh bien ! Et vous, que faites-vous ? N'est-ce pas pour vous aussi une affaire de principe ? Allons, vous ne risquez rien. Montrez-moi que vous l'aimez et que vous me faites confiance. Emmenez-moi avec vous.

– Un chantage sur du vent. Vous êtes vraiment très fort Monsieur Vincent, continua l'autre en s'amusant intérieurement de plus en plus.

– Digne de vous.

– Si c'est cela qui vous anime.

– Vous savez parfaitement ce qui m'anime, Monsieur le mangeur de petits enfants : votre âme immortelle.

– Oh la la… Alors nous y voilà ! Tout ça pour ça ! Belle mission, Monsieur le juge : sauver l'âme d'un monstre, eh bien ! Remarquez, je comprends, c'est tout de même plus intéressant que de prendre la vie de pauvres créatures médiocres et sans défense…

– Cela vaut bien quelques heures de souffrance en plus pour votre fille, rétorqua François en évitant de répondre sur le fond.

– À condition qu'elle ne meure pas. Là, ce sera la vôtre d'âme, Monsieur le juge incorruptible, qui sera en grand péril.

– J'en prends aussi le risque.

– Nous voilà bien.

Le silence se fit tandis qu'ils se jaugeaient comme deux coqs prêts à la bataille. François, la main dans la poche, serra le révolver qu'il tenait caché. Le silence durait. Puis, tout à coup, Bouleau poussa violemment le juge dans le caniveau et se remit à courir. Tombé sur les pavés, François se releva douloureusement et se précipita à sa poursuite. Cela dura quelques minutes, les passants, enfin ceux qui reconnaissaient le juge, s'écartant, comme toujours apeurés. Enfin, voyant que la chute qu'il avait provoquée avait été trop forte et qu'il arriverait facilement à le semer, le criminel feignit un point de côté, ralentit et s'arrêta :

– Vous allez vraiment continuer à me suivre.

– Oui. Je ne vous quitte pas.

– Vous auriez mille façons plus subtiles.

– Vous savez parfaitement que ce n'est pas le problème.

– Elle va payer pour votre sottise.

– Et pour la vôtre aussi.

Dans la ville, ce qui se passait là n'était pas habituel. D'abord, parce que le juge semblait hagard, courant ainsi les vêtements en désordre, et ensuite parce qu'il n'était pas accompagné de ses habituels policiers. Alors, comme on pouvait s'y attendre, il y avait un nombre anormal de passants qui s'étaient regroupés au loin pour suivre la scène. Et, même, chose nouvelle, on apercevait des gens qui avaient ouvert leur fenêtre comme s'ils ne risquaient plus d'être accusés de médiocre curiosité. Ça parlait. Ça papotait. Ça commentait de partout, tout en restant, pas fous, tout de même extrêmement prudents.

Dans le petit groupe du trottoir d'en face, groupe qui donc grossissait à chaque minute, on pouvait apercevoir Barlier qui, attiré par l'événement, s'était approché comme un chasseur qui trouve enfin sa proie. L'homme était tendu, attentif. À un moment, à la vue de tous, comme le justicier qu'il voulait être, il ôta de sa poche un révolver qu'il cacha très vite derrière son dos. Tranquillement, ensuite, devant la foule qui ne disait mot, il s'avança ; mais ni François, ni Bouleau, trop concentrés, ne l'aperçurent. Il parla :

– Vous vous souvenez de moi Monsieur le juge ?

– Bien sûr, lui répondit François sans être surpris davantage, après néanmoins l'avoir regardé très vite afin de surtout ne pas perdre de vue Patrick Bouleau.

– Écartez-vous, Monsieur Barlier. Laissez-nous, s'il vous plaît, ajouta-t-il, ne lâchant toujours pas d'un œil son adversaire.

Mais comme Barlier ne bougeait pas, il faisait d'une main de grands gestes dérisoires pour lui signifier de s'écarter. Bouleau le regardait toujours, faussement tendu, faisant comme s'il ne se passait rien. Barlier, alors, sortit tranquillement le revolver de derrière son dos et menaça le juge en lui disant le plus calmement qu'il pouvait : "Je suis venu pour vous tuer."

– Ce n'est pas le moment. Fichez le camp ! Fichez le camp ! lui cria François, indifférent à cette menace, ne quittant toujours pas des yeux le monstre Bouleau.

– C'est toujours le bon moment pour mourir, n'est-ce pas ?

Et Barlier appuya sur la détente…

Sauf que, très vite, il se passa une chose étrange. Bouleau, sentant certainement le coup venir, s'était interposé entre eux pour le protéger de son corps.

La balle l'atteignit dans la poitrine et il s'écroula sur le boulevard. Chacun se figea.

Des policiers de partout surgissent alors, arrêtent Barlier et le désarment, tandis que François hurle :

– Qu'est-ce que vous avez fait, imbécile ! Bouleau, Bouleau, vous m'entendez…

Et il était à son chevet, bouleversé d'inquiétude.

– Amusant non ? murmura le criminel comme il put.

– Mais non, mais non… On va vous sauver.

Et il cherchait désespérément à arrêter le sang qui coulait.

– Je vais là-haut, au ciel ou en enfer, vérifier toutes vos conneries, balbutia souriant notre assassin, ne cachant plus cette fois son amusement

– Pourquoi m’avoir protégé ? Pourquoi ? lui cria encore François.

– Devinez.

Mais le pauvre juge voyait dans ses yeux la mort venir. Et il n’était plus guère temps de philosopher…

– Où est-elle ? Où est-elle ? hurla-t-il en le secouant violemment. Dites-le moi. Par pitié, par pitié, dites-le moi.

– Non.

– Pour le salut de votre âme.

– Et de la vôtre, répondit le criminel dans un dernier sourire.

– Ne mourez pas, je vous en prie. Parlez. Il faut la sauver ! Elle n’y est pour rien…

– Nous y sommes tous pour quelque chose.

Il haletait.

– Je ferai ce que vous voudrez… S’il vous plaît… Pitié.

– Je vais…

– Quoi, quoi… ?

– Au… revoir…

– Non… ! Pitié, non !

Et le cri du juge sembla se répandre dans toute la ville. Mais la mort avait emporté l’homme et il était trop tard. Les policiers écartèrent la foule qui, plus près et de plus en plus nombreuse et hostile, s’était rassemblée, tandis que Barlier regardait son révolver comme si c’était un ennemi. On le désarma, alors qu’il ne faisait pas mine de s’échapper. Il regarda le juge toujours au chevet du criminel et lui dit, narquois : “voilà ce qui arrive !” Et, même, il fit un geste apaisant à la foule qui semblait vouloir intervenir.

François se leva, sortit sèchement à son tour son révolver comme s’il était décidé à le tuer puis, haussant les épaules, le rangea, et, sans répondre à une nouvelle provocation de Barlier (qui pourtant ironisait encore sur le fait qu’il fallait bien, là, au moins, qu’on l’exécute !), il fit signe qu’on l’emmène. La foule s’écarta, ne sachant plus trop que penser, tandis que deux policiers l’entraînèrent.

Une pluie forte se mit à tomber qui mit fin à toutes les spéculations. Tous rentrèrent chez eux. Et on entendit au loin les sirènes qui s’approchaient.

Épilogue

Toute la journée du lendemain, et toute la nuit, François s'était exténué à retrouver la jeune fille. Il avait donné des ordres, remué ciel et terre, mais rien, elle était introuvable. Alors, désespéré, il lui avait bien fallu aller avouer son échec à son ami. Et c'était en courant qu'il s'était précipité au palais de l'Élysée.

Le surlendemain, donc, on le retrouve dans le bureau de Quatremer.

François, inconsolable, répète inlassablement à son ami : "Pardon, pardon, je n'ai pas pu le sauver". C'était tantôt "le sauver", tantôt "la sauver" ! Tout était confus, bredouillé, embrouillé. Le désespoir et la fatigue le faisaient bafouiller. Quatremer tentait bien de lui dire la chose qu'il avait en tête mais François ne voulait, ne pouvait pas l'entendre. Pourtant, le tyran était calme, très calme, et cela aurait dû alerter le juge.

Enfin il s'apaisa et Quatremer put parler :

– Avant que je t'annonce une grande nouvelle, François, dis-moi : qu'est-ce que tu as fait de Monsieur Barlier ?

– Rien pour l'instant. Mais je ne comprends pas : quelle grande nouvelle ? Est-ce que…

Il ne finit pas sa phrase, ne comprenant pas bien pourquoi Quatremer lui parlait de Barlier.

– Il faut le libérer.

– Le libérer ? Oui, répondit-il, totalement ailleurs. C'est toi qu'il visait à travers moi.

– Qu'importe. Cet homme n'est dangereux que pour nous.

– Je le ferai. Et je lui expliquerai de quoi il est responsable. Mais qu'est-ce que tu…

– Il n'en aura cure. L'essentiel n'est pas là.

– J'ai fait fouiller partout, reprit de nouveau le pauvre juge, persuadé de parler de ce qui, effectivement, était essentiel pour Quatremer, partout… Et rien. Rien !

– Je sais.

– À l'heure actuelle, elle doit être morte.

– Alors tu as cru à ce qu'il te disait.

– Tu veux dire… ?

– Oui. Attends un instant.

Quatremer lui sourit puis sortit par la petite porte dérobée qu'il ferma soigneusement. Quelques minutes se passèrent et François, angoissé, entendit une voix féminine. La porte enfin s'ouvrit et une jeune fille apparut, ravissante. Quatremer la tenait par la main :

– Dis bonjour à Monsieur Vincent.

– C'est… balbutia François, interloqué.

– Bonjour, Monsieur Vincent. Mon père vous a sauvé la vie je crois…

– Mais… Comment…

Et il regardait Quatremer, quêtant une explication.

– Mon père n'était pas seulement un monstre, Monsieur Vincent ; juste un homme qui voulait se racheter. Et il aimait sa fille.

– On peut le comprendre, surenchérit Quatremer, la contemplant le visage lumineux.

– Alors il ne vous a… Vous n'avez… Je ne comprends pas… La cave… balbutia encore le pauvre juge.

– Quelle cave ?

– La cave, enfin… Celle où vous étiez enfermée.

– Il n'y a jamais eu de cave Monsieur Vincent. J'étais à la campagne dans une très belle ferme entourée d'animaux et de paysans qui m'ont élevée.

– Je ne comprends pas.

– Mon père venait de temps en temps. Enfin… Celui que je croyais être mon père.

– Mais comment… Pourquoi ? Qu'est-ce que vous faites là ?

– Oh c'est simple : il avait préparé une lettre pour moi que je ne devais ouvrir qu'après sa mort.

– Mais comment, comment… ? Enfin…

– Toutes les radios, toutes les télévisions ont parlé de ce qui s'était passé. Et on avait la télévision là-bas. Je ne savais pas qu'il était cet ennemi public que tout le monde recherchait. Les paysans qui m'ont élevée m'ont dit de lire la lettre. Mais j'ai déjà raconté tout cela à Monsieur Quatremer...

– Répète-lui, mon enfant, il en a besoin, il le mérite.

– La lettre me disait de me rendre au Palais dès l'annonce de son suicide. Alors, je m'y suis rendue.

– De son suicide ? Je ne comprends pas.

– Oui, c'est bien ce qu'il avait écrit.

– De son suicide ? répéta le pauvre juge totalement dépassé.

– Oui. Et il avait écrit aussi que Monsieur Quatremer était mon vrai père et qu'avec cette lettre, il me recevrait.

– Votre vrai père ? C'est... C'est bien.

Et il s'assit, épuisé, comme si tout était dit.

– Tout est bien, oui François, ajouta encore Quatremer. Tout est bien. Mais c'est lui qui l'a élevée, c'est lui qui l'a aimée. Quel temps me reste-t-il pour réparer ?

– Pourquoi... Pourquoi il a fait tout cela ?

– Sans doute que c'était sa manière à lui d'aider le pays, de nous prévenir de nos erreurs. L'ange peut vite faire la bête, François.

– C'est... C'est... dérisoire. Un suicide ? Alors, il voulait se suicider... Il s'est bien moqué de moi.

– Et la bête parfois a envie de faire l'ange. Le tyran juste peut-il seulement être juste...?

– Non, bien sûr.

– Certainement a-t-il pensé que nous ne le savions pas assez. Il va nous falloir tout recommencer, François. Mais en aurons-nous la force ? Un jour, je crois, tu m'as dit : "le mal peut-il donner une leçon au bien ?" Eh bien tu as la réponse, maintenant. Continuons à vider les prisons mais ne cherchons plus à faire une société parfaite et, surtout, ne chargeons pas le Seigneur du poids humain que nous, pauvres créatures, n'avons pu porter. Il faut faire avec l'homme, François. Même s'il n'est pas très ragoûtant.

– Il ne m'avait pas dit qu'il voulait mourir, soupira la jeune fille, interrompant la conversation.

– Et tu as de la peine ? lui avait demandé Quatremer en la serrant tendrement dans ses bras.

"Oui", avait répondu la petite France, en s'abandonnant. Il était bon avec moi.

Et elle cherchait à essuyer une larme qui coulait.

– Tu vois, François, j'ai oublié cet amour-là. Lui, il s'est racheté.

Et il s'était tourné vers le pauvre juge en ajoutant :

– C'est peut-être aussi ce qu'il voulait me faire comprendre.

– En sacrifiant le sien.

Mais de la part de François, c'était moins une question qu'une réflexion.

– Sacrifier. Rendre sacré. Il est sauvé, François.

– Et nous ?

– Nous ? Qui le sait ?

Et Quatremer, après ces mots, avait serré un peu plus sa fille dans ses bras, ce qui l'avait fait pleurer encore davantage.

– Je pleure, je pleure…

– Pleure, pleure ma fille… Avait encore murmuré Quatremer en l'embrassant. Tu n'auras pas assez de larmes pour toute l'humanité.

Puis il avait rajouté :

– Viens François. Venez tous les deux. Allons manger. Il n'y a rien de tel que les nourritures terrestres pour apaiser les cœurs.

Et ils sortirent tous les trois en se tenant par les bras comme des naufragés.

Dehors, c'était un début de nuit et le silence.

Mais on entendait encore de temps en temps, au loin, quelques coups de feu…

DU MÊME AUTEUR

Théâtre

Tome 1, *Regards d'aujourd'hui*, Pierre Téqui éditeur. Préface de Yasmina Reza.

Tome 2, *Le souffle de l'esprit*, éditions Pierre Téqui. Préface de Francis Huster.

Tome 3, *Arius et autres pièces*, éditions Pierre Téqui. Préface de Laurent Terzieff.

Tome 4, *Clovis*, éditions Pierre Téqui. Préface de Benoît Dugas.

Tome 5, *La Clôture et autres pièces*, éditions Pierre Téqui. Préface d'Emmanuel Dechartre.

La Tragédie de Gilles de Rai, L'Harmattan. Préface de Robert Hossein.

Pédophilie, suivi de *Sensualité*, L'Harmattan.

Alzheimer, L'Harmattan.

Le Mariage, L'Harmattan.

Mahomet, Atlande.

Essais

Pour un théâtre chrétien, éditions Pierre Téqui. Préface de Etienne de Montéty.

Sans miroir, la société est condamnée à mourir, Bayard.

Pour en finir avec les intermittents du spectacle, Atlande.

Pour en finir avec la langue de Shakespeare, Atlande.

Pour en finir avec le christianisme ?, Atlande.

Pour en finir avec le théâtre, Atlande.

Pour en finir avec la critique dramatique, Atlande.

Pour en finir avec la mort, Atlande.

Pour en finir avec les comédiens, Atlande.

Pour en finir avec la liberté, Atlande.

Pour en finir avec la culture, Atlande.

Pour en finir avec le féminisme (avec Marie Hasse), Atlande.

Romans

Le Territoire, Métropolis éditeur.

Éditions Atlande
F – 92200 Neuilly
www.atlande.eu

Achevé d'imprimer sur les presses d'Evoluprint
à Bruguières (Haute-Garonne) en septembre 2024.
Numéro d'impression : 47216

Dépôt légal septembre 2024